유럽적 보편주의

유럽적 보편주의
: 권력의 레토릭

이매뉴얼 월러스틴 지음 | 김재오 옮김

European Universalism
: The Rhetoric of Power

창비
Changbi Publishers

평생 더 보편적인 보편주의를 진작하는 데 힘썼던
아브델-말렉에게

감사의 말

2004년 11월에 나는 브리티시컬럼비아 대학 쎄인트존스 컬리지로부터 세계에 관한 시각을 주제로 한 석학강연에 첫번째 강연자로 초청받았다. 나는 세개의 연강을 하도록 요청받았다. 이 텍스트는 그 강연의 수정본인데, 첨가된 네번째 장에서 나는 내 주장에 대한 전반적인 결론을 내렸다. 강연을 할 수 있도록 초청해주신 쎄인트존스 컬리지 학장 티모시 브룩(Timothy Brook) 교수와 내 강연에 유익하고 즉각적인 반응을 보여주신 청중들에게 깊은 감사를 드린다.

■

■

오늘날의 보편주의 정치

전세계 신문들의 헤드라인은 낯익은 용어들로 가득차 있다. 알카에다, 이라크, 코소보, 르완다, 강제노동수용소, 세계화, 테러리즘 등이 그것이다. 이 용어들은 독자들에게 즉각적인 이미지들을 불러일으키는데, 그 이미지들은 우리의 정치지도자들과 국제문제 평론가들에 의해 형성되어 왔다. 많은 이들에게 오늘날 세계는 선한 세력과 악한 세력 간의 싸움이다. 그리고 우리 모두는 선한 편에 서기를 원한다. 우리는 악과 싸우기 위한 현명한 비책들을 고심하기는 해도, 악과 싸워야만 한다는 점은 의심하지 않는 경향이 있고, 누가 그리고 무엇이 악을 구현하는지에 관해서도 그다지 의심하지 않을 때가 많다.

　미국과 영국이 유난히 심하지만 비단 두 나라에 국한되지 않는 범유럽세계 지도자들과 주류 미디어 및 기성 지식인 들의 레토릭(rhetoric)은 자기네 정책을 옹호하기 위한 기본적인 명분으로서 보편주의에 호소하는 언사들로 가득차 있다. 그들이 '타자들' 곧 비유럽세계의 국가 및 더 가난하고 '발전이 덜 된' 국가의 국민들과 관련된 정책에 관해 말할 때 특히나 그러하다. 어조는 종종 독선적이며 허세로 가득차 있고 오만하지만, 정책들은 항상 보편적인 가치와 진실을 반영하는 것처럼 제시된다.

　이러한 보편주의에 대한 호소는 세가지 주된 형태를 띤다. 첫번째는 범유럽세계의 지도자들이 추구하는 정책들이 '인권'을 옹호하고 '민주주의'라 불리는 어떤 것을 증진한다는 주장이다. 두번째는 문명의 충돌이라는 전문용어로 나타나는데, 여기서 항상 '서구'문명이 보편적 가치와 진리에 기반한 유일한 것이기 때문에 '다른' 문명보다 우월하다고 전제된다. 그리고 세번째는 시장에 관한 엄정한 사실을 강조하는 것인데 이는 신자유주의적 경제법칙을 수용하고 그에 따라 행동하는 것 외에 "대안이 없다"라는 논리다.

　최근 몇년의 조지 부시(George W. Bush)와 토니 블레어 (Tony Blair)——뿐만 아니라 그들의 선임자들——혹은 이들의 수많은 하수인들의 어떠한 연설문을 읽더라도 이 세 가지 주제가 끊임없이 되풀이되는 것을 발견할 것이다. 그러나 이러한 주제가 새로운 것은 아니다. 내가 이 책에서 입증하려고 하겠지만, 이 세 주제는 새롭기는커녕 아주 오래된 것들이며 적어도 16세기 이후로 근대세계체제의 역사 내내 강자들의 기본적인 레토릭을 구성해왔다. 이러한 레토릭에는 역사가 있다. 그리고 이 레토릭에 대한 저항의 역사도 있다. 결국 논쟁은 항상 보편주의가 무엇을 의미하는지를 두고 벌어져왔다. 나는 강자들의 보편주의가 편파적이고 왜곡된 보편주의, 곧 내가 '유럽적 보편주의' (european universalism)라고 부르는 것임을 보여주고자 한다. 왜냐하면 그것은 범유럽 지도자들과 지식인들이 근대세계체제 지배계층의 이익을 도모할 목적으로 내놓던 것이기 때문이다. 덧붙여 대신에 나는 내 자신이 '보편적 보편주의'(universal universalism)라 부르는 진짜 보편주의를 향해 나아갈 방안에 관해 논의하겠다.

유럽적 보편주의와 보편적 보편주의 간의 싸움은 현재 세계의 핵심적인 이데올로기 투쟁이며, 그 결과는 다음 25년에서 50년 사이에 진입하게 될 미래의 세계체제가 어떻게 구성될지 결정하는 데 주요한 요소가 될 것이다. 어느 편이든 선택은 불가피하다. 그리고 지구 전역에서 제기된 모든 특수주의적 관념이 똑같이 정당하다는 사고를 낳는 어떤 초특수주의적(super-particularist) 입장으로 물러나서도 안된다. 초특수주의는 불평등하고 비민주적인 세계체제를 유지하고자 하는 유럽적 보편주의 세력과 현재의 강자들에게 은밀하게 굴복하는 것에 지나지 않기 때문이다. 기존 세계체제에 대한 진정한 대안을 내세우려면, 우리는 보편적 보편주의, 즉 성취할 가능성은 있으나 자동적으로 혹은 필연적으로 실현될 거라는 보장은 없는 보편주의를 선언하고 제도화할 길을 찾아야만 한다.

인권과 민주주의라는 개념, 보편적 가치와 진리에 기초했음을 근거로 내세우는 서구문명의 우월성, '시장'에 대한 복종의 불가피성 이 모두는 우리에게 자명한 관념들로 제시된다. 그러나 그것들은 결코 자명하지 않다. 그것들은 주의 깊은 분석이 필요한 복합적인 관념이며, 소수가

아닌 만인에게 소용이 되고 온당하게 평가되기 위해서는
그 유해하고 비본질적인 요소가 제거될 필요가 있다. 이러
한 관념들이 애초에 어떻게, 누구에 의해 그리고 어떤 목
적으로 주장되었는지를 이해하는 일은 이러한 평가작업
의 필수적인 부분이다. 이 책은 바로 그런 작업에 도움이
되고자 한다.

| 차례 |

제1장

누구의 개입할 권리인가

야만에 맞서는 보편적 가치들

근대세계체제 역사의 대부분은 유럽의 국가와 민족들이 그밖의 세계로 팽창해나간 역사였다. 이는 자본주의 세계경제 건설에 필수적인 부분이었다. 그러한 팽창은 세계 대부분의 지역에서 군사적 정복, 경제적 수탈 그리고 엄청난 불법행위를 수반했다. 이를 선도했고 거기에서 가장 많은 이득을 보았던 사람들은 세계인들에게 더 많은 이익이 되었다는 근거로 자신들과 세계를 향해 그러한 팽창이 정당한 것이라고 공표해왔다. 그들이 늘상 내세우는 논지는 그 팽창이 문명화, 경제 성장과 발전, 그리고/혹은 진보 등으로 다양하게 불리는 어떤 것을 확산시켰다는 것이다. 이러한 모든 단어들은 종종 소위 자연법이라 일컬어지는 것의 외피를 쓴 채 보편적 가치의 표현으로 해석되었다. 따라서 팽창이 인류에게 유익할 뿐 아니라, 역사적으로 불가피하다고 주장됐다. 이러한 팽창활동을 묘사하기 위해 사용된 언어는 신학적일 때도 있고, 세속적인 철학적 세계관으로부터 비롯될 때도 있었다.

물론 사회적으로 드러난 실상은 학문적인 정당화를 통해 우리에게 제시된 상(像)만큼 영예롭지 않았다. 실상과 정당화 사이의 괴리는 통렬히 감지됐으며, 그것은 개인적인 삶에서나 집단적인 삶에서 가장 값비싼 댓가를 치른 사람들에 의해 다양하게 표출되었다. 그러나 그 괴리는 지배계층 출신의 여러 지식인들로부터도 주목을 받았다. 그리하여 근대세계체제의 역사는 또한 체제의 도덕성 자체에 관한 지속적인 지적 논쟁을 수반하게 됐다. 그러한 논쟁들 중 가장 앞선 그리고 가장 흥미로운 논쟁이 16세기 에스빠냐의 아메리카대륙 정복이라는 배경하에서 일찌감치 촉발됐다.

1492년에 크리스토퍼 콜럼버스(Christopher Columbus)는 중국을 향해 대서양을 가로지르는 길고도 험난한 여정

끝에 카리브해 연안의 몇몇 섬에 상륙했다. 그가 중국을 발견한 것은 아니었다. 그러나 오늘날 아메리카대륙이라고 불리는 예상치 못한 어떤 것을 발견했다. 다른 에스빠냐사람들이 곧 그의 길을 따랐다. 그로부터 몇십년 지나지 않아서 에스빠냐 정복자들은 아메리카대륙의 가장 큰 두 제국 아스떼끄(Aztec)와 잉까(Inca)의 정치체계를 와해시켰다. 그 즉시 그들을 추종하는 잡다한 무리들이 토지소유권을 주장했고, 차지한 땅에서 이득을 얻기 위해 이 두 제국과 아메리카대륙의 다른 지역 주민들의 노동력을 강압적이고 무자비하게 착취하려 했다. 반세기 안에 토착민의 상당수가 무력과 질병으로 죽어갔다. 당시 얼마나 많은 수가 죽었는지는 16세기에도 1945년 이후에도 여전히 논쟁거리였다. 그러나 오늘날 대부분의 학자들은 그 수가 끔찍하게 엄청난 것이었음을 믿고 있다.✦

✦ 바르똘로메 데 라스 까싸스(Bartolomé de Las Casas)는 1552년에 『인디아스의 파괴에 관한 간략한 보고서』(*Brevíssima relación de la destrucción de las Indias*, 1994)를 저술했다. 그것은 당시 에스빠냐 내의 여론을 들끓게 한 충격 보고서였다. 영어 번역본은 『인디아스의 파괴: 간략한 보고서』(*The Devastation of the Indies: A Brief Account*, [1522] 1974)라는 제목으로 출간됐다. 급격한 인구감소에 관한 1945년 이후의 논의는 상당히 광범하다. 최근 많은 논의를 진작시킨 주요 작업은 쿡(Sherburne F. Cook)과 보라(Woodrow Borah)의 1971년 작업이다.

그 시기를 대표하는 인물 중 하나는 바르똘로메 데 라스 까싸스(Bartolemé de Las Casas)였다. 그는 1484년에 태어나 1502년에 아메리카대륙으로 이주하여 1510년 아메리카대륙에서 최초로 신부 서품을 받았다. 처음에 그는 엥꼬미엔다(encomienda)라는 에스빠냐의 〔식민지경영〕제도에 우호적이었을 뿐 아니라 실제로 동참하기도 했다. 이 제도는 농업이나 목축업, 광산을 관리하는 에스빠냐인들에게 아메리카 원주민을 강제노역자로 할당(에스빠냐어로는 레빠르띠미엔또repartimiento)하는 것을 포함하고 있었다. 그러나 1514년에 그는 영적인 '개종'을 통해 엥꼬미엔다 제도에 참여하기를 그만두고 에스빠냐로 돌아가 그 제도에 의해 저질러진 불법행위를 규탄하는 일생의 과업을 시작했다.

라스 까싸스는 많은 위원회에 참여하는 한편 비망록과 책을 써서 에스빠냐와 교회의 정책에 영향을 주려고 했다. 그는 때로 〔신성로마제국〕황제 카를 5세(에스빠냐 국왕 까를로스 1세)의 환대와 심지어는 총애까지 받으며 상류사회에서 활동하기도 했다. 그의 명분은 처음에는 어느정도 성공적으로 받아들여졌다. 1537년에 교황 바오로 3세는 「거룩한 신」(*Sublimis Deus*)이라는 교서를 반포했다. 여기에서 교황은 아메리카 원주민을 노예로 삼아서는 안 되고 평화로운 수단을 통해서만 이들을 전도해야 한다고 규정했다. 1543년 카를 5세는 「신법률」(*Leyes Nuevas*)이라 는 칙령을 포고했는데, 이것은 엥꼬미엔다의 할양권을 더 이상 인정하지 않는 것을 포함하여 라스 까싸스가 아메리 카대륙을 위해 제안했던 것의 상당부분을 법제화했다. 하 지만 교황의 교서와 황제의 칙령은 에스빠냐 식민지배자 들(encomenderos) 및 그들을 후원·지지하는 에스빠냐와 교회 내부의 세력으로부터 상당한 저항에 부딪히게 되었 다. 결국, 교황의 교서와 「신법률」은 효력이 정지되었다.

1543년에 라스 까싸스는 꾸스꼬(Cuzco)의 주교 자리 를 제안받고 이를 거절했지만, (오늘날 멕시코 남부에 위 치한) 과뗴말라 치아빠스(Chiapas) 지역의 소주교 자리는 받아들였다. 주교로서 그는 「신법률」의 엄격한 집행을 역 설함으로써, 고해신부들은 식민지배자들로 하여금 아메리 카 원주민들에게 배상하여 참회하도록 요구했고, 더불어 서 원주민들을 엥꼬미엔다 의무에서 해방시키도록 명령했 다. 「신법률」에 대한 이러한 해석은 카를 5세가 기왕에 승인된 엥꼬미엔다에는 적용할 계획이 없었던 것을 얼마간 확대해석한 것이다. 1546년에 라스 까싸스는 치아빠스의 주교직를 그만두고 에스빠냐로 돌아왔다.

이제 라스 까싸스는 자신의 주장을 신학적으로나 학문적으로 반박하려는 반대자들의 조직적인 시도와 맞닥뜨리게 되었다. 이러한 시도의 핵심인물이 후안 히네스 데 쎄뿔베다(Juan Gines de Sepúlveda)였다. 1531년에 집필된 쎄뿔베다의 첫 저서 『데모크리토스 초편』(*Demócrates primero*)은 출간이 불허되었다. 그러나 쎄뿔베다는 자신의 주장을 고집했다. 1550년에 카를 5세는 '쎄뿔베다-라스 까싸스' 논쟁의 가치에 관해 조언을 얻기 위해 인디아스 자문위원회(Consejo de Indias)의 특별심판단을 바야돌리드(Valladolid)로 소집했다. 훈타(Junta, 심판단이라는 뜻)는 두 사람의 의견을 연달아 청취했으나 위원회는 확정적인 평결을 내리지는 않았던 것으로 보인다. 몇년 후에 카를 5세의 아들 펠리뻬가 왕좌를 물려받게 되면서 라스 까싸스의 주장은 왕실에 대한 견인력을 모두 상실했다.

오늘날 남아 있는 것은 두 논자가 이 논쟁을 위해 준비했던 기록들뿐이다. 이 기록들은 오늘날의 세계와 여전히 관련 있는 핵심문제——누가 개입할 권리를 가지고 있고, 언제 어떻게 개입할 것인가——를 분명히 제기했기 때문에, 그 주장들은 세심하게 재검토해볼 만한 가치가 있다.

쎄뿔베다는 이 논쟁을 위해 특별히 『데모크리토스 속편』(*Demócrates segundo*, 〔1545?〕 1984)이라는 두번째 책을 집필했다. 그 책은 '인디오 전쟁의 정당한 명분'이라는 부제를 달고 있다. 이 책에서 그는 에스빠냐 정복자들이 받아들여 실행하고 있는 에스빠냐정부의 정책을 옹호하는 주장 네가지를 내놓았다. 그는 논거로서 당시에 인정된 지적 권위자들——특히 아리스토텔레스, 성 아우구스투스, 성 토마스 아퀴나스——을 연속하여 길게 인용했다.

쎄뿔베다의 첫번째 주장은 아메리카 원주민들이 "미개인들, 곧 단순하고 무지하며 문맹의 야만인들이어서 간단한 기술을 제외하고는 어떤 것도 결코 배울 수 없으며, 사악하고 잔인하기 그지없어 다른 사람들에게 통제되는 게 마땅하다"는 것이다. 두번째 주장은 "인디오는 율법과 자연법을 어기고 그들이 물들어 있는 죄악들, 특히 우상숭배와 불경한 인신공양 관습에 대한 교정책이자 처벌로서 원치 않더라도 에스빠냐의 지배를 받아들여야 한다"는 것이다.

세번째 주장은 에스빠냐인들이 율법과 자연법에 따라 "해마다 우상에게 재물로 바쳐지는 수많은 무고한 사람들에게 〔인디오들이〕 저질러왔던——에스빠냐의 지배를 받지 않는 자들이 오늘도 계속해서 저지르는——악행과 그로 인한 참사를 방지해야만 한다"는 것이다. 네번째 주장은 에스빠냐의 지배가 "가톨릭 신부들이 통치자들과 이교도 사제들에 의해 서너차례 자행된 바 있는 피살의 위험에서 벗어나 안전하게 설교할 수 있게끔 함으로써 기독교 전파를 촉진한다"⁺는 것이다.

누구나 알 수 있듯이, 이 네가지 주장은 근대세계의

✦이 인용문들은 모두 쎄뿔베다의 주장에 대한 라스 까싸스(〔1552〕 2000, 6~8면)의 요약에 근거한 것이다. 이 요약은 쎄뿔베다(〔1545?〕 1984)를 참조해보면 알 수 있듯이, 전적으로 온당하다. 안젤 로싸다(Angel Losada)가 편집한 쎄뿔베다의 이 판본의 색인은 다음과 같은 표제를 포함하고 있다. "인디오 전쟁——정당한 근거들: (1)타고난 예속상태, 19~39면 (2)우상숭배와 인신공양 근절, 39~61면 (3)양민의 희생방지, 61~63면 (4)기독교 전파, 64면"(152면) 색인은 라스 까싸스의 요약보다 간단하지만, 본질적으로 동일하다. 쎄뿔베다의 장황한 텍스트, 특히 처음 두 주장에 관한 텍스트를 읽어도 그의 견해에 대한 진술로서 그 요약에 보탤 게 별로 없다.

'문명화된' 지역이 '비문명화된' 지역에 대한 이후의 모든 '개입들'을 정당화하기 위해 사용한 기본적인 것들이다. 타자의 야만성, 보편적 가치에 위배되는 관습들의 근절, 잔인한 타자 속의 무고한 양민 보호, 그리고 보편적 가치의 순조로운 전파 등이 그것이다. 물론 이러한 개입들은 그렇게 할 수 있는 정치적/군사적 힘을 가질 수 있어야만 실행될 수 있다. 이것이 16세기 에스빠냐의 광범위한 아메리카대륙 정복의 실상이다. 이러한 주장들은 정복을 실행했던 이들에게 강력한 도덕적 동기부여로도 작용했지만, 분명한 사실은 정복이 가져다주는 즉각적인 물질적 이득에 의해 크게 강화되었다는 점이다. 따라서 정복자 집단에 속하면서 이러한 주장들을 반박하고자 했던 사람이라면 누구나 험난한 과제에 직면했다. 그러한 사람은 신념과 이익 양자에 반하는 주장을 동시에 해야만 했다. 이것이 라스 까싸스가 착수한 과제였다.

태어날 때부터 본성이 야만스러운 사람이 있다는 첫 번째 주장에 대해 라스 까싸스는 여러 방식으로 대응했다. 그 하나는 야만인이란 용어가 사용되는 다양하고도 상당히 느슨한 방식에 주목하는 것이었다. 라스 까싸스는 어떤 사람이 야만적인 행위에 관여했다고 해서 야만스럽다고 규정된다면, 그런 사람들은 세계 어디서나 발견될 수 있다고 말했다. 그리고 어떤 사람이 사용하는 언어가 문자화되지 않아서 그 사람이 야만스럽다고 한다면, 그 언어는 문자화될 수도 있으며 문자화될 때 다른 언어만큼이나 합리적이라는 점이 발견될 것이라고 했다. 또한 야만스럽다란 용어를 진짜 끔찍한 행위를 의미하는 것에 국한시킨다 해도, 이러한 종류의 행위는 극히 드문 현상이며, 사실 거의 같은 정도로 모든 종족 내부에서 사회적으로 억제된다고 보아야 한다는 것이다.

쎄뿔베다의 주장에서 라스 까싸스가 반대한 것은 기껏해야 소수의 행동을 전체인종 내지 정치구조의 문제로 일반화했다는 점이다. 그러한 소수는 야만적이라고 여겨지는 집단만큼이나 스스로를 문명화되었다고 규정하는 집단에서도 쉽게 발견될 수 있는 것이다. 그는 독자들에게 로마인들이 에스빠냐의 선조들을 야만적이라고 규정했다는 점을 상기시켰다. 라스 까싸스는 알려진 모든 사회체제가 대략적으로 동등한 윤리적 가치를 갖는다는 주장을 내놓았다. 따라서 식민지배를 정당화하는 본래적인 위계질서는 없다는 것이다(라스 까싸스 [1552] 2000, 15~44면).

　타고난 야만성에 관한 주장은 추상적이었지만, 인디오들이 교정되고 처벌받아야 할 범죄와 죄악을 저질렀다는 주장은 훨씬 구체적이었다. 이 경우, 그 주장은 우상숭배와 인신공양을 중심으로 이루어진다. 여기에서 라스 까싸스는 어떻게 사람들이 우상숭배를 하거나 인신공양에 참여할 수 있는지 이해할 수 없었던 16세기 에스빠냐인들에게 즉각적으로 윤리적 반감을 불러일으킬 수 있는 문제들을 다뤘다.

　라스 까싸스가 제기한 첫번째 쟁점은 사법권이었다. 예컨대 그는 기독교땅에 거주하는 유대인과 무슬림이 그 국가의 법을 따를 필요는 있지만, 자신의 종교적 계율을 따랐다고 처벌될 수는 없음을 지적했다. 이러한 유대인과 무슬림이 기독교 통치자가 다스리지 않는 땅에서 살았다면 더욱더 그러할 것이다. 그가 주장하는바, 이런 종류의 사법권은 기독교 이단자에게만 확대 적용될 수 있었다. 이 단자란 기독교 교리를 고수하겠다는 엄숙한 맹세를 저버린 사람이기 때문이다. 따라서 교회가 기독교땅에 거주하는 비기독교도에 대한 사법권을 갖지 않는다면, 교회가 그

교리를 들어본 적조차 없는 사람들에 대한 사법권을 갖는다고 주장하는 것은 더욱 사리에 맞지 않는다는 것이다. 결과적으로, 우상숭배가 신에 의해서 심판받을 수는 있지만, 그것을 실행하는 집단 외부의 인간집단이 행사하는 사법적 지배는 받지 않는다는 것이다.

물론, 오늘날 우리는 라스 까싸스의 주장을 윤리적 상대주의 혹은 적어도 법률적 상대주의에 대한 옹호라고 여길 수도 있다. 당시에도 오늘날처럼 이러한 견해[라스 까싸스의 주장]는 자연법에 반하는 관습에 의해 희생당한 무고한 양민의 고통을 도외시한다는 공격에 취약했다. 이것이 쎄뿔베다의 가장 강력한 세번째 주장이다. 그리고 라스 까싸스는 이를 신중하게 다룬다. 우선 그는 "무고한 양민을 해방시키기에 더 적합한 사람이 있을 때, 그들을 해방시켜야 할 의무는 (…) 존재하지 않는다"고 주장했다. 둘째, 그는 교회가 무고한 양민을 해방시키는 과업을 기독교 군주에게 맡겼다면, "다른 사람들은 이 일이 성급하게 처리되지 않도록 이와 관련된 일에 착수하지 말아야 한다"고 말했다. 그러나 마지막으로 그리고 가장 중요한 점으로, 라스 까싸스는 누구라도 최소 피해의 원칙에 따라 주의 깊게

행동해야 한다는 주장을 내놓았다.

교회가 무고한 양민의 부당한 죽음을 방지해야 하는 의무를 지고 있음을 인정한다고 해도, 필수적인 것은 그 일이, 그들의 구원에 방해가 되며 예수의 수난을 헛되고 무의미한 것으로 만들 더 큰 해악을 다른 종족들에게 끼치지 않도록 하면서 온건하게 처리되어야 한다는 것이다([1552] 2000, 183면).

이것이 라스 까싸스에게 핵심사항이었으며, 그는 이를 윤리적으로 어려운 문제인, 살육된 아이의 시체를 먹는 의식(ritual)을 통해 설명했다. 그는 우선 이것이 모든 인디오집단의 관습도 아니며, 거기에 참여하는 집단에서도 많은 아이들이 희생되지는 않았다는 점에 주목했다.

그러나 라스 까싸스가 선택의 현실에 대해 정면으로 맞서지 않았다면 이는 문제를 회피하는 것처럼 보였을 것이다. 여기서 그는 최소 피해의 원칙을 주장했다.

더욱이 소수의 무고한 사람이 죽는 것은, 이교도들

이 그리스도의 신성한 이름을 더럽히는 것보다, 그리고 이들과 더불어, 이미 일어났듯이, 자기 종족의 많은 아이와 노인과 부녀자 들이 아무런 이유 없이 전쟁의 광포함 속에서 기독교도들에게 죽임을 당했다는 것을 아는 사람들이 기독교를 모욕하고 증오하는 것보다 훨씬 덜 사악하다(187면).

라스 까싸스는 오늘날 부수적 피해(collateral damage)라고 불리는 것에 대해 단호히 반대했다. "죄인들을 처벌하기 위해 무고한 사람들을 해치고 죽이는 것은 영원한 저주에 값하는 죄이다. 왜냐하면 그것은 정의에 반하기 때문이다"(209면)라는 것이다.

그는 무고한 양민들에게 저지른 인디오들의 죄를 에스빠냐인들이 처벌하는 것이 왜 합법적이지 않은지에 대한 최종적인 이유를 제시했다. "그들이 고치기 힘들 만큼 완고하게 그러한 죄를 범하기 때문이 아니라 확실히 신에 대한 무지 때문에 죄를 범하는 것이기 때문에 (…) 그들이 개종되어 그들의 잘못을 고치리라는 것은 커다란 희망이자 가능성이다"(251면). 그리고 그는 다음과 같은 결론으로 논의를 마무리했다.

　　확실히 에스빠냐인들은 대단히 뻔뻔하게 이 신대륙을 침탈했다. 그들은 이곳에 대해 이전 세기에는 들은 바도 전혀 없었지만, 그들 군주의 의지에 반하여 여기에서 끔찍하고도 기괴한 범죄를 저질렀다. 그들은 수천의 사람을 죽이고, 마을을 불태웠으며, 가축을 도살하고 도시를 파괴했으며, 뚜렷하거나 구체적인 이유 없이 끔찍하고 잔인하게 이 불쌍한 사람들에게 추악한 범죄를 저질렀다. 이같이 살벌하고, 탐욕스럽고, 잔인하고, 선동적인 사람들이 인디오들에게 숭배를 권하는 신을 안다고 진정으로 말할 수 있겠는가?(256면)

이 질문에 대한 답은 복음화의 촉진이라는 쎄뿔베다의 마지막 주장에 대한 라스 까싸스의 응답으로 곧바로 이어진다. 인간은 강압이 아니라, 자유의지를 통해서만 신에게 이끌릴 수 있다는 것이다. 라스 까싸스는 쎄뿔베다가 동일한 언급을 했음을 인정했지만, 쎄뿔베다가 정당화하고 있는 정책이 자유의지의 개념과 양립할 수 있는지 물었다.

  화승총과 포탄이 불을 뿜는 무력에 의해 유발되는
강압보다 더한 강압이 어디 있겠는가? 그 무시무시한
소음은 (즉, 그 자체만으로) 제아무리 강한 사람들도
숨죽이게 만들고 그러한 무기에 익숙하지 않고 그것이
어떻게 작동하는지 모르는 사람들을 특히 그렇게 만드
니까 말이다. 폭격으로 그릇이 깨지고 땅이 진동하며
하늘이 짙은 먼지로 어두워진데도, 남녀노소가 나뒹굴
고 움막이 파괴되며 모든 것이 벨로나(로마신화에 나오는
전쟁의 여신)의 분노로 뒤흔들리는 듯 보인데도, 우리는
정녕 그들이 믿음을 받아들이도록 하기 위해 무력이
사용되고 있다고 말하지 않을 텐가?(296면)

  라스 까싸스는 전쟁은 영혼이 우상숭배를 억제하기
위한 준비를 갖추는 길이 아님을 믿었다. "복음은 창이 아
니라 신의 말씀과 기독교도다운 삶과 이성의 활동을 통해
퍼져나간다"(300면). 전쟁은 "우리 종교에 대한 사랑이 아닌
증오가 생겨나게 한다. 인디오들은 온유함과 자비와 신앙

인다운 삶과 신의 말씀을 통해 믿음으로 인도되어야 한
다"(360면).

내가 두명의 16세기 신학자들의 주장을 자세히 설명
하는 데 그렇게 많은 시간을 할애했다면, 그것은 그후의
어떤 말도 이 논쟁에 본질적인 무언가를 보태지 않았기 때
문이다. 19세기에 서구열강은 자신들이 식민지세계에서
문명화의 사명을 가지고 있다고 공언했다(피셔-티네, 만
2004). 인도의 총독 커즌 경(Lord Curzon)은 1905년 11월
16일 봄베이(뭄바이)의 바이큘라 클럽(Byculla Club)에서
주로 영국 식민경영자들로 구성된 청중을 두고 한 연설에
서 이러한 이데올로기적 관점을 다음과 같이 잘 표현했다.

〔제국의 목적은〕올바른 것을 위해 싸우고, 불완전하고
정당하지 않거나 저열한 것을 혐오하며, 좌우로 편향
되지 않고 아첨, 칭찬, 비난, 매도에 개의치 않으며, 전
능한 신이 그분의 가장 큰 쟁기에 그대의 손을 놓아주
셨음을 기억하고, 살아 있는 동안 보습날을 조금 앞으
로 밀어보내며, 그대가 저 수백만의 사람들 사이 어떤
곳에 이전에는 존재한 바 없는 약간의 정의 내지 행복

혹은 번영, 남자다움과 도덕적 위엄, 애국심의 샘물, 지적 계몽의 여명, 의무감의 각성을 남겨놓았음을 느끼는 데 있다. 그것으로 충분하다. 이것이 인도에서의 영국인의 명분이다(만 2004, 25면에서 인용).

이러한 명분은 의심할 여지없이 커즌 경이나 그 연설을 듣고 있는 식민경영자들보다 인도인들에게는 설득력이 별로 없었을 것이다. 왜냐하면 커즌의 후계자들은 반세기도 지나지 않은 1948년에 인도를 떠나야만 했기 때문이다. 커즌의 영국인들은 충분한 정의, 행복, 번영 등을 남겨놓지 않았던 셈이다. 혹은 그들이 남자다움과 도덕적 위엄, 영국이 아닌 다른 엉뚱한 조국(즉 인도)에 대한 애국심을 지나치게 자극했는지 모른다. 또는 영국 식민경영자들이 증진시켰던 지적 계몽이 네루(Jawaharlal Nehru)와 같은 사람들이 영국지배의 잇점에 관한 다른 결론을 내리도록 했을지 모른다. 혹은 가장 통렬하게도 인도인들은 어느 기자의 질문——"간디씨, 서구문명에 대해 어떻게 생각하십니까?"——에 대한 마하트마 간디(Mahatma Gandhi)의 신랄한 대답——"그런 게 있다면 좋겠지요"——에 동의했는지도 모른다.

20세기 후반은 전세계적인 대규모의 탈식민화 기간이었다. 이러한 탈식민화의 직접적인 원인이자 결과는 민족해방운동의 고도의 조직화로 인해 국가간체제(interstate system)의 역학관계에서 중요한 변동이 일어났다는 점이다. 차례로 그리고 단계적으로 이전의 식민지들은 독립국가로서 유엔의 회원이 되어, 관련 국제법과 유엔헌장에 명문화된 주권국가간 내정개입금지라는 원칙에 따라 보호받았다.

이론상 이는 개입의 종결을 의미해야만 했다. 그러나 물론 그렇지 않았다. 확실히 기독교 복음전파라는 명분은 더이상 제국주의적 통제를 합법화하는 데 쓸모가 없었고, 종교적으로 좀더 중립적인 개념인 식민지 열강의 문명화 사명이라는 명분 역시 그러했다. 이제 수사적 언어는 이러한 탈식민의 시대에 새로운 의미와 힘을 지니게 된 개념인 인권으로 이동하였다. 1948년에, 유엔은 그 이데올로기적 중심항목으로 세계인권선언을 내세웠다. 그것은 유엔의 거의 대다수 회원국에 의해 추인되었는데 이는 국제법을 제정한 것이 아니라 회원국이 원칙적으로 신봉하는 일련의 이상들을 구체화한 것이었다.

말할 필요도 없이 그후로 그 선언을 위반하는 악명 높은 행위들이 광범위하게 반복되어왔다. 대부분의 정부는 국가간 관계에서 이른바 현실주의적 관점에 외교정책의 근거를 두었기 때문에, 인권에 대한 관심을 반영한다고 말할 수 있는 정부간의 어떠한 조처도 거의 취하지 않았다. 그 선언의 위반이 한 정부가 다른 정부를 비난하기 위한 선전도구로 꾸준히 사용되었지만 말이다.

인권문제에 관한 정부간의 관심이 거의 존재하지 않았기 때문에, 그 공백을 메우기 위해 수많은 이른바 비정부기구들(NGOs)이 출현하게 되었다. 전세계적으로 인권을 지키기 위한 직접 행동의 짐을 떠맡았던 NGO들은 크게 두종류가 있다. 한편에는 국제사면위원회(Amnesty International)로 대표되는 부류가 있다. 이 위원회는 개인에 대해 남용되는 불법적인 구금의 사례를 공론화하는 데 전념했다. 국가간 여론의 압력을 결집하여 직접적인 방법이나 다른 정부들을 통해, 제소된 정부의 정책 변화를 유도하려고 애썼던 것이다. 다른 한편에는 국경없는 의사회(Doctors Without Borders)로 대표되는 부류가 있다. 이단체는 국제적십자(International Red Cross)의 주요한 전략적 방패막이가 되어왔던 중립성이라는 망또를 걷어내 정치적 분쟁지역에서 직접적인 인도적 원조를 도입하려고 애썼다.

이러한 비정부활동은 특히 1970년대에 시작되어 일정 정도의 성공을 거두었고, 그 결과로 널리 확산되었다. 또한 이러한 인권공세는 정부간 수준의 새로운 활동에 의해 추동력을 얻었다. 1975년에 미국, 캐나다, 소련, 그리고 대부분의 유럽국가들이 일제히 유럽안전보장회의(CSCE)에서 만나 헬싱키협정(Helsinki Accords)에 서명했다. 이 협정은 서명국가 모두에게 세계인권선언을 준수하도록 강제했다. 그러나 조약의 실행기구가 없었기 때문에, 쏘비에뜨 블록 내의 정부에 이러한 권리들을 준수하도록 압력을 가하는 임무를 수행하기 위해 헬싱키워치(Helsinki Watch)라는 비정부 서구기구가 만들어졌다.

1977년 지미 카터(Jimmy Carter)가 미국 대통령이 되었을 때, 그는 인권의 증진이 정책의 중심축이 되도록 하며, (지정학적으로 미국의 힘이 거의 닿지 않는) 쏘비에뜨 블록을 넘어서서 (지정학적으로 미국이 상당한 힘을 마칠 수 있는) 중앙아메리카의 억압적 독재정권에까지 이 개념을 확장해서 적용하겠다고 역설했다. 하지만 카터의 정책은 얼마 가지 못했다. 그 정책이 중앙아메리카에 어떤 영향을 주었던 간에, 이어지는 로널드 레이건(Ronald Reagan)의 재임기간 동안 그 정책은 근본적으로 철회되었다.

　같은 기간에 아프리카와 아시아에서 세차례의 중요한 직접적 개입이 있었는데, 인도주의적 가치를 훼손했다는 점을 공격 명분으로 삼아 한 정부가 다른 정부에 대한 군사행동을 취했던 것이다. 첫번째로, 1976년에 팔레스타인 게릴라집단이 다수의 이스라엘인들을 태운 에어프랑스 비행기를 우간다 정부의 암묵적 동의하에 납치해 우간다로 향하게 했다. 납치범들은 이스라엘 인질들을 풀어주는 댓가로 특정 팔레스타인인들을 풀어달라고 요구했다. 1976년 7월 14일 이스라엘 특수부대가 엔테베(Entebbe) 공항에 잠입하여 우간다 경비대원 몇명을 사살하고 이스라엘인들을 구출했다. 둘째로, 1978년 12월 25일, 베트남 군대가 캄보디아 국경을 넘어가 크메르 루주(Khmer Rouge) 정권을 전복하고 새로운 정부를 수립했다. 셋째로, 1978년 10월에 우간다의 이디 아민(Idi Amin)이 탄자니아를 공격했으나 탄자니아가 반격을 시도해 마침내 탄자니아 군대가 우간다 수도로 진격해들어가 아민 정부를 전복시키고 새로운 대통령을 임명했다.

이 세가지 예에서 동일한 것은 개입자의 관점에서 명분은 인권이었다는 점이다. 첫번째 경우 인질극에 대한 방어, 후자의 두 경우는 극악한 독재정권의 해체가 그것이다. 물론 각각의 경우, 우리는 그러한 조치의 강도와 진실성에 관해 논의할 수 있고, 합법적이거나 평화로운 대안이 어느 정도까지 가능하지 않았을지에 관해 논의할 수 있다. 또한 우리는 각각의 조치의 결과에 관해 논쟁할 수 있다. 그러나 중요한 것은 개입자들은 국제법상 법적으로 합당하지 않다고 해도, 정의를 극대화하는 방식으로 행동했기 때문에 자연법의 견지에서 윤리적으로 합당하다고 주장했고 또 그렇게 믿었다는 점이다. 나아가 폭력적인 수단의 사용만이, 자신들이 발생하고 있다고 주장하는, 명백한 악을 박멸할 수 있다는 구실로 개입자 모두 그들 자신의 사회뿐 아니라 세계체제의 다른 지역으로부터 충분한 승인을 받았다.

우리가 보아왔던 것은 세계체제의 윤리적·사법적 규

약들에 관한 이론화에 있어서의 역사적 전환이다. 대략 장기 16세기에서 20세기 전반에 이르는 꽤 오랜 기간 쎄뿔베다의 강령——야만인에 대한 폭력의 합법성과 복음전파의 도덕적 의무——이 지배해왔고, 라스 까싸스의 이의제기는 명백하게 소수의 입장을 대변했다. 그러고 나서, 20세기 중반의 거대한 반식민주의 혁명과 더불어 특히 1945년에서 1970년에 이르는 기간에는, 자칭 문명국가의 부권적(父權的) 감독을 거부할 수 있는 피억압 국민들의 권리가 세계 정치구조에서 전례없이 상당한 합법성을 가지게 되었다.

아마도 이러한 새로운 원칙이 집단적으로 제도화된 본격적인 계기는 1960년 유엔의 식민지독립부여선언 채택이었다. 그것은 불과 15년 전 작성된 원래의 유엔헌장에서는 완전히 누락되었던 문제였다. 라스 까싸스의 견해가 마침내 세계적으로 채택되는 것처럼 보였다. 그러나 라스 까싸스 관점의 승인이 공식적인 원칙이 되자마자, 개인과 집단의 인권에 대한 새로운 강조가 세계정치에서 주요한 주제가 되면서 부권적 감독에 대한 거부의 권리가 훼손되기 시작했다. 인권운동은 문명인에게는 야만성을 억압해야 할 의무가 있다고 강조하는 쎄뿔베다의 주장을 불가피하게 복원시켰던 것이다.

바로 이 순간에 세계는 쏘비에뜨 연방의 붕괴와 동유럽/중앙유럽 전역에서 일어난 공산정권의 몰락을 지켜보았다. 이러한 사건들은 여전히 유엔의 독립부여선언 정신에 맞는 것이라 생각될 수 있다. 그러나 이어서 유고슬라비아가 여러개의 공화국들로 해체됨으로써 일련의 전쟁과 유사전쟁이 일어났다. 이 전쟁에서 독립투쟁은 '종족순화' 정책과 연계되었다. 이전에 유고사회주의연방에 소속되었던 모든 공화국들에는 오랫동안 뚜렷한 종족적 중심이 있었지만, 또한 각각 중요한 민족적 소수자들도 있었다. 따라서 그들이 수년에 걸친 일련의 과정에서 여러개의 국가로 쪼개졌을 때, 새로운 주권국가에서 종족/민족적 소수자들을 줄이거나 완전히 제거해야 한다는 내부의 정치적 압력이 상당했다. 이는 과거 네개의 유고 공화국들——크로아티아, 보스니아, 쎄르비아, 그리고 마케도니아——내부의 갈등과 전쟁으로 이어졌다. 전쟁의 결과만큼이나 각 공화국의 사정은 달랐지만, 각각에서 종족순화는 중요한 쟁점이 되었다.

강간과 양민학살 등 계속되는 과격한 폭력은 그 지역

의 평화를 유지하고 정치적 공정성의 외형을 보장하기 위한 서구의 개입을 요청하게 되었고, 혹은 서구의 개입이 필요하다고 주장되었다. 그러한 개입은 특히 (거의 같은 규모의 세종족으로 구성된) 보스니아와 (주로 쎄르비아의 알바니아 지역인) 코소보에서 두드러지게 발생했다. 서구 정부들이 주저했을 때, 서구 지식인과 NGO 들이 완강하게 자기네 국가에 개입의 압력을 가했고 그 국가들은 마침내 사태에 개입하게 되었다.

다양한 이유로 이러한 비정부적 압력은 프랑스에서 가장 거셌다. 프랑스에서는 일단의 지식인들이 『개입할 권리』(Le Droit d'Ingérence)라는 저널을 창간했다. 쎄뿔베다를 인용하지는 않았지만, 이 지식인들은 그와 동일한 방향으로 밀고나가는 논법을 비종교적인 방식으로 사용했다. 그들 역시 '자연법'(이들이 이런 표현법을 사용하지는 않았을지라도)은 일정한 종류의 보편적 행동을 요구한다고 강조했다. 그들 역시 그러한 행동을 취하지 않을 때, 혹은 더욱 나쁘게도 어떤 지역에서 그 반대의 행동이 우세할 때, 자연법의 옹호자들은 개입할 윤리적 (그리고 물론 정치적) **권리**뿐 아니라 개입할 윤리적·정치적 **의무** 또한 갖는다고 강조했다.

동시에 아프리카——라이베리아, 씨에라리온, 수단, 그리고 무엇보다도 후투족에 의한 대규모 투시족 학살이 있었던 르완다——에서 수많은 내전이 있었으나 외국군의 어떠한 의미있는 개입도 없었다. 르완다, 코소보, 그리고 격렬한 인간드라마가 펼쳐지는 다른 여러 지역들은, 생명과 인권을 지키기 위해 이 지역들에서 무엇을 할 수 있었고 없었는지, 혹은 무엇을 해야만 했고 하지 말아야 했는지에 관한 수많은 추후 논란의 대상이 되었다. 마지막으로 2003년 미국의 이라크 침략이 위험하고 사악한 독재자 싸담 후세인을 제거하기 위해 필요한 조치였다고 얼마나 정당화했는지 그 정도는 새삼 되새길 필요가 없을 것이다.

2004년 3월 2일, 베르나르 꾸시네(Bernard Kouchner)는 카네기 윤리·국제문제 위원회(Carnegie Council on Ethics and International Affairs)에서 제23회 연차 모겐소 기념강연(Morgenthau Memorial Lecture)을 했다. 꾸시네는 아마도 오늘날 세계에서 인도적 개입의 가장 저명한 대변인일 것이다. 그는 국경없는 의사회의 창시자이자 **개입할 권리**라는 말을 만들어낸 사람이다. 한때는 인권문제를 책임지고 있는 프랑스 정부의 각료이기도 했다. 이어서 코소보 주재 유엔사무총장 특보로 활동했으며, 그 자신의 말을 빌리면 "프랑스 내 부시의 유일한 지지자라는 추가적인 평판"을 지녔던 사람이기도 했다. 따라서 꾸시네가 인도적 개입의 국제법상 위치에 대해 고심했던 바를 들어보는 것은 매우 흥미로운 일이다.

실행하기에 무리가 따른다고 입증된 인도적 개입의 측면이 있다. 나는 국가주권과 개입권 간의 긴장을 말하고자 한다. 국제사회는 유엔안전보장이사회를 통해 새로운 인도적 보호제도에 따라 활동해왔다. 하지만 지구화가 분명히 국가주권의 종말을 선포하지는 않는다. 국가주권은 안정된 세계질서의 보루로서 남아 있다. 다른 말로 하면, 우리는 국가주권 없이 지구적 공치(global governance)나 유엔제도를 가질 수 없는 것이다.

국제사회는 유럽연합이 하던 식으로 이러한 내재적 모순을 해결하려고 노력해야만 한다. 어떻게 국가주권을 유지하면서 동시에 공동의 쟁점과 문제 들에 대한 공동의 결정을 내릴 수 있는 방법을 발견할 수 있는 가? 딜레마를 해결할 수 있는 하나의 방법은 국가주권이 국가 내부의 국민들로부터 발현될 때만 존중될 수 있다고 말하는 것이다. 국가가 독재체제라면 국제사회의 존중을 받을 가치가 전혀 없는 것이다(2004, 4면).

꾸시네가 우리에게 제시한 것은 21세기판 복음전파다. 쎄뿔베다에게 궁극적인 고려사항이 국가나 민족이 기독교이냐의 여부였다면, 꾸시네에게 궁극적인 고려대상은 민주적(즉 '독재체제'인 국가에서 살지 않는 것)이냐의 여부다. 쎄뿔베다는 기독교를 믿지만 에스빠냐와 종교재판소처럼 자연법을 어기는 행위에 참여했던 국가와 민족 들 문제는 다룰 수 없었고 따라서 이를 철저히 무시했다. 꾸시네가 다룰 수 없었고 따라서 철저히 무시했던 것은 르완다에서처럼 강력한 민중의 지지를 받는 국가나 민족이 소수민족에게 야만적 행위를 자행하는 경우다. 실제로는 물론 르완다가 독재체제라서가 아니라 그 행위들을 야만적이라 생각했기 때문에 꾸시네는 외부의 개입을 찬성했다. 일반적인 원칙으로서의 독재체제에 대한 언급은 이 경우에는 얼버무려졌고, (가령 이라크처럼) 몇몇 경우에는 적용되었지만 확실히 꾸시네와 다른 이들이 윤리적으로 개입이 불가피하다고 생각하는 모든 경우에 적용된 것은 아니었다.

　가령 꾸시네가 말하는바, 국가주권과 인권에 대한 공동결정사항간의 '내적 모순'에 직면하여 코소보나 이라크의 상황에 라스 까싸스의 원칙 —— 쎄뿔베다에 대한 네가지 답변 —— 을 적용했다고 생각해보자. 라스 까싸스가 다루었던 첫번째 문제는 한쪽이 개입할 때 당연히 전제하는 다른 쪽의 야만성이다. 그가 말하는 우선적인 문제는 이러한 논쟁에서 누가 야만인이냐는 결코 전적으로 분명하지 않다는 것이다. 코소보에서 야만인은 쎄르비아계 유고슬라비아 정부였나, 아니면 밀로셰비치가 이끈 특정집단의 사람들이었는가? 이라크에서 야만인은 쑨니파(Sunni Arabs) 바스당(Baath party)이었나, 아니면 후세인이 이끈 특정집단의 사람들이었는가? 개입자들은 좀체 분명히 하거나 구별하지 않는 채 이 모든 목표물들 사이에서 애매하게 움직이면서 항상 개입의 절박함을 주장했다. 실제로, 그들은 나중에 어떤 식으로든지 죄의 경중을 가려낼 것이라고 주장했다. 그러나 물론 나중은 결코 도래하지 않는다. 왜냐하면 애매한 적은 애매한 개입자들에게 이합집산의 여지를 주고, 그 개입자들은 개별적으로 누가 야만인인지에 대한 상이한 정의를 가질 수 있으며 따라서 개입의 과정에서 상이한 정치적 목표를 지닐 수 있기 때문이다.

라스 까싸스는 우선 이 모든 것을 가려낼 것을 역설했다. 그가 주장하길 진짜 야만성은 드문 현상이며 모든 사회 집단에서 보통은 사회적 과정에 의해 억제되기 때문이다. 그렇다면 우리가 야만적이라고 정의하는 타자들 사이에서 일어난 어떤 상황에 직면했을 때 우리가 항상 물어야만 하는 질문 중 하나는 그 내부의 과정이 왜 붕괴되었으며 실제 어느 정도로 붕괴되었느냐다. 물론 그런 분석적 활동에 참여하는 것이 대응을 늦추는 경향이 있고, 이는 〔'개입'을 역설하는 자들이〕 그런 활동에 반대할 때 채택하는 주요한 논거다. 개입자들은 시간이 없다고 말한다. 매순간에 상황은 더욱 악화되고 있다는 것이다. 그리고 이것은 아마 사실일 것이다. 그러나 속도를 늦추게 되면 중대한 실수를 막을 수도 있을 것이다.

라스 까싸스 원칙에서 비롯된 분석은 또한 우리에게 어떤 비교작업에 참여하기를 촉구한다. 개입하고 있는 국가와 민족 들 역시 야만적 행위에 참여한 죄를 짓지 않는가? 그리고 그렇다면 그러한 야만적 행위는 여하한 개입의 근거가 되는 도덕적 우월성을 정당화할 정도로, 대상 국가와 민족 들에서 발견된 야만적 행위보다 훨씬 덜 심각한가? 확실히 악은 도처에 존재하기 때문에 이러한 종류의 비교는 쓸모없는 것일 수 있고, 이것이 비교를 반대하는 주요한 논거가 되며 이 또한 사실일 수 있다. 그러나 비교를 시도함으로써 오만함에 시기적절한 제동을 걸 수도 있다.

자연법에 반하는 죄, 혹은 오늘날 운위되는 반인륜적인 죄를 범하는 자들을 처벌해야 하는 의무라는 쎄뿔베다의 두번째 원칙이 있다. 어떤 행위들은 '국제사회'[*]라고 알려진 저 불투명하고 거의 허구적인 등장인물을 구성하

---

[*] 국제사회에 대한 트뤼로(Trouillot 2004, 230면)의 다음과 같은 놀랍고 다소 신랄한 논평을 보라. "나는 [국제사회를] 일종의 동시대 정치의 그리스적 코러스라고 생각한다. 어떤 사람도 그 코러스를 본 적이 없지만, 그들은 무대 뒤쪽에서 노래를 부르고 있고 모든 사람들은 그에 맞춰 연기를 하고 있는 것이다."

는 정직한 사람들의 도덕의식을 격분시킬 수도 있다. 그리고 그러한 일이 일어났을 때, 우리는 그 범죄를 처벌해야 할 의무가 있지 않은가? 라스 까싸스가 바로 이런 주장에 대해 다음과 같은 세가지 질문으로 맞섰다. 누가 그 행위들을 범죄라고 규정했고, 그 행위들은 저질러졌을 때 그렇게 범죄로서 규정되는가? 누가 처벌할 사법권을 갖는가? 처벌이 마땅하다면 처벌에 참여하는 데 우리보다 더 적합한 다른 어떤 이는 없는가?

죄의 규정과 처벌 주체에 관한 문제는 물론 과거처럼 오늘날도 핵심적 논쟁거리다. 1990년대 발칸반도 분쟁에서 그 지역 정치지도자들의 규정을 비롯한 대부분의 사람들의 규정에 입각할 때 확실히 범죄들이 저질러졌다. 대립하는 여러 정파의 정치지도자들이 서로가 범죄를 저질렀다고 서로를 고발했기 때문에, 그리고 그들이 실제로——인종청소, 강간, 그리고 잔혹행위 등의 동일한 부류의 범죄를 저질렀기 때문에 우리는 이 사실을 알고 있다. 외부인들이 그 지역과 관련해 직면했던 문제는 어떤 범죄를 처벌하느냐, 더 정확히 말하면 어떻게 각 정파의 상대적 책임을 가려내느냐였다.

실제로는 외부개입자들은 두가지 종류의 행동에 착수했다. 한편으로 그들은 폭력을 중단시키기 위해 처음에는 외교적 행동에, 그러고 나서는 군사적 행동에 착수했는데, 많은 경우 이러한 행동은 특정한 상황에서 이쪽 아니면 저쪽을 편드는 것을 의미했다. 이는 잘해야 범죄의 상대적 경중에 대한 판단을 어느정도 수반했다. 다른 한편 외부개입자들은 특정한 개인을 처벌하기 위해서, 그리고 상충하는 각 정파로부터 그런 개인들을 선별해내기 위해서 특별 국제사법재판소를 설립했다.

그 결과 일련의 사건들 중 가장 큰 볼거리였던 밀로셰비치의 재판에서 밀로셰비치 변호의 핵심은 단순히 그가 무죄라는 것뿐만 아니라, 밀로셰비치가 자신과 마찬가지로 범죄를 저질렀다고 고발한 다양한 사람들을 국제형사재판소가 기소하지 않았다는 것이다. 밀로셰비치는 법정이 군사적 약자의 지도자들을 처벌하는 강자의 재판소이지 정의를 위한 법정은 아니라고 주장했다. 그리하여 우리는 두가지 질문을 갖게 됐다. 혐의를 받고 있는 범죄들은 진짜 범죄들인가, 아니면 단지 용인된 일반적 행동이었는가? 그것들이 진짜 범죄라면, 모든 범죄자들이 처벌되고 있었는가, 아니면 개입의 대상이 되는 국가의 범죄자들만 처벌되고, 개입에 참여한 국가의 범죄자들은 처벌되지 않았는가?

재판권의 문제는 물론 논쟁의 핵심사항이다. 한편에서 개입할 권리와 의무를 주장하는 사람들은 국제재판소의 설립이 국제법상의 진보라고 역설했다. 그러나 법률적으로 그러한 법정이 설립되는 절차의 문제뿐 아니라 그 잠재적 재판관할권의 협소한 지리적 규정 문제도 있었다.

그리고 결정적으로 그 범죄들을 다룰 다른 방식이나 다른 사람들이 있지 않나 하는 문제가 있었다. 실제로 1990년대 초 미국은 그 문제를 다룰 적절한 사람들이 유럽인들, 즉 서유럽인들——발칸반도가 유럽에 속해 있고 실제로 유럽연합의 잠재적 구성원이라는 이유로——이라고 주장했다. 그러나 유럽인들은 정치적·군사적 이유로 미국의 적극적 지원이 없는 상태에서 이 짐을 떠맡기를 주저했고, 결국 그 임무를 떠맡은 것은 바로 북대서양조약기구(NATO)였다. 그것이 유엔이 아니라 나토였던 일차적인 이유는 아마도 정확히, 반(反)쎄르비아 조치를 채택하고 다른 분쟁 당사자들에게는 면죄부를 주는 안전보장이사회의 어떠한 결정도 러시아가 거부할 것이라고 서구 국가들이 우려했기 때문이었다.

이른바 자발적 동맹국과 함께 미국이 이라크에 개입했을 때 동일한 문제가 훨씬 더 분명하게 발생했다. 미국은 군사행동에 대한 유엔 안전보장이사회의 승인을 받으려고 했다. 그러나 행동결의를 위한 투표에서 15표 중 4표를 얻는데 그치는 것이 분명해지자, 미국은 스스로 제안한 승인절차를 철회하고 유엔의 승인 없이 독단적으로 자신의 의사를 밀어붙였다. 그렇다면 라스 까싸스의 질문은 훨씬 더 적절해진다. 어떤 권리로 미국은 특히나 대다수의 국가들이 공개적으로 미국의 조치를 반대하는데도 이 싸움판에서 사법권을 쥐고 있는가? 미국 정부의 대답은 두 가지였다. 우선 이라크 정부가 대량살상무기를 비축하고 있고, 이러한 무기들을 기꺼이 무국적 '테러리스트'와 공유할 것이라는 추정에 근거해 이라크 정부가 미국과 세계에 일촉즉발의 위협이 된다는 주장이었다. 이러한 주장은 대량살상무기를 이라크 정부가 소유하고 있지 않았다는 침략 이후의 정보에 비추어, 그리고 싸담 후세인이 그러한 무기를 가지고 있었더라면 그것을 기꺼이 무국적 '테러리스트'에게 배포했었을 것이라는 주장에 대한 광범위한 이견 때문에 그후에 박살이 났다.

이러한 약점 때문에, 미국은 싸담 후세인이 반인륜적인 범죄를 자행한 악한이며, 따라서 그의 권력을 박탈하는 것이 도덕적 선이라는 주장에 의지했다. 그리고 이 지점에서 이러한 주장들의 진실성 문제뿐 아니라 사법권이라는 훨씬 중요한 문제가 대두되었다. 이와 함께 미국과 다른 정부들이 기소의 근거가 되는 바로 그 행위를 싸담 후세인이 저질렀을 때 그를 지원했다면 싸담 후세인의 윤리적 범죄가 외부개입의 진짜 동기가 되겠는가 하는 문제가 대두되었다.

대부분의 상황처럼 이 상황에서 개입의 가장 강력한 근거는 무고한 사람들——강간당하고 학살당하는 무고한 보스니아 무슬림들, 자신들의 땅에서 축출되어 국경지대 너머로 추방당하는 무고한 코소보인들, 그리고 싸담 후세인에 의해 탄압받고 살해당하는 무고한 쿠르드인들과 쉬아파들의 보호였다. 우리는 쩨뿔베다에 대한 라스 까싸스의 대답에서 무엇을 배우는가? 라스 까싸스는 '최소 피해' 원칙을 역설했다. 모든 주장들이 절대적으로 옳다고 해도 처벌은 그것이 막는 것 이상으로 더 많은 해를 끼치지 않았는가? 최소한의 피해 원칙은 의사들에게 해당하는 "어떠한 해도 끼치지 말라!"라는 히포크라테스 선서 부속조항을 라스 까싸스가 집단적 사회현상으로 옮겨놓은 것이다.

발칸지역 분쟁의 경우, 아마도 피해가 최소화됐다고 주장할 수 있을지 모른다. 적극적 폭력은 광범위하게 줄어들었다. 반면, 인종청소가 근절되거나 상당한 정도로 줄어들지 않았고, 오히려 그 결과가 다소 제도화되었다. 재산권과 거주권의 회복은 없(거나 단지 최소한만 있)었다. 코소보의 쎄르비아인들은 전보다 더 빈궁해졌음을 확실히 인식했다. 외부의 개입이 없었더라도 사태가 같은 상황에서 종결되지 않았을까 하는 의문을 제기할 수는 있을 것이다. 그러나 아무도 〔외부의 개입으로 인해〕 사태가 훨씬 더 악화되었다는 강력한 주장을 내놓을 수는 없을 것이다.

하지만 이라크에 대한 개입과 관련하여 그렇게 주장할 수는 있다. 확실히 싸담 후세인과 바스당은 더이상 집권하지 않고, 그들이 전에 관여했던 종류의 억압적인 행위를 계속할 수 없다. 그러나 그 나라는 외부에서 개입하기 전에는 실재하지 않았던 상당수의 부정적 현상들로 고통

받고 있다. 시민들의 경제적 복리가 대체적으로 악화되었다. 일상의 폭력은 대규모로 증가했다. 이라크는 아마도 군사작전의 대상으로 지목된, 개입 이전에는 그 나라 내에서 실제로 활동할 수 없었던 바로 그 무장 이슬람단체에게 피신처가 되었다. 그리고 이라크 여성들의 국내 상황은 상당히 악화되었다. 개입 이후로 적어도 10만명의 이라크인들이 숨지고 이보다 더 많은 사람들이 심각하게 부상당했다. 확실히 여기에서 최소 피해의 원칙을 바랐을 수도 있었다.

쎄뿔베다의 마지막 주장은 복음전파의 권리와 의무, 그리고 아메리카 원주민들이 지니고 있다고 당연히 전제되는 복음전파의 장애물이다. 이에 대한 21세기의 등가물은 민주주의 확산의 권리와 의무이다. 이것이 미국과 영국 정부의 주된 주장이고 특히 미국 신보수주의 지식인이나 토니 블레어 총리가 채택한 주장이었다. 라스 까싸스는 강제로 전도하는 것은 의미가 없고 기독교로의 개종은 개종한 사람의 내부에서 우러나오는 자발적 신봉에서 비롯되어야 하며, 강압은 금지되어야 한다고 역설했다.

동일한 주장이, 발칸반도와 이라크에 대한 개입이 민

주주의를 촉진시킨다는 점을 근거로 정당화되는 한에 있어서는, 개입에 대한 비판의 근거로 제시되었다. 그것은 민주주의에로의 전향을 어떻게 판단하는가의 문제였다. 개입자들에게 그것은 본질적으로 다양한 정치 분파 내지 당파 들이 최소한의 정중함과 공개적으로 선거운동을 할 수 있는 능력을 갖추고 참여할 수 있도록 선거를 주재하겠다는 의지를 의미하는 것처럼 보였다. 이는 매우 제한된 의미에서의 민주주의다. 발칸반도와 이라크에서 민주주의가 이러한 최소 수준에서라도 얼마간의 지속력을 지닌 채 성취되었는가는 결코 확실치 않다.

하지만 민주주의가 더 광범위한 것 ── 정부기구를 통한 대다수 국민의 참된 의사결정권 관리감독, 모든 부류의 소수자들이 문화적·정치적으로 자신을 진실되게 지속적으로 표현할 수 있는 능력, 공개적인 정치토론의 지속적인 필요성과 합법성을 수용하는 것 ── 을 의미했다면, 이러한 것들은 국가와 지역 내부에서 성숙되어야만 하는 조건들이고, 외부의 개입은 그 개념이 외부의 통제와 개입으로 유발되는 부정적인 현상들을 결합하기 때문에 일반적으로 그 반대의 상황을 나타낸다는 것은 매우 확실하다.

누구의 개입할 권리인가란 문제는 근대세계체제의 정치적·윤리적 구조의 핵심에 가닿는다. 개입은 실제로 강자에 의해 전유된 권리다. 그러나 그것은 정당화하기 힘든 권리이고 따라서 항상 정치적·윤리적 도전을 받기 쉽다. 개입자들은 도전에 직면했을 때, 항상 윤리적 정당화──16세기에는 자연법과 기독교, 19세기에는 문명화 사명, 20세기 후반과 21세기에는 인권과 민주주의──에 호소한다.

개입을 반대하는 주장은 항상 두가지 출처에서 비롯되었다. 강한 국가들 내부의 윤리적 의심자들(라스 까싸스의 주장을 채택하는 사람들)과 개입의 대상이 되는 민족들 내부의 정치적 저항자들이 그것이다. 개입자들의 윤리적 주장은 항상 개입을 통해 개입자들이 얻게 되는 물질적 이익에 의해 훼손된다. 다른 한편, 윤리적 의심자들은 항상 그들 고유의 가치라는 견지에서 극악무도한 행위들을 정당화하는 것처럼 보인다. 개입의 대상이 되는 국민의 지도자들의 경우는 항상 그들이 이끄는 사람들의 이익이 아닌 자신들의 이익을 반영한다고 의심받는다.

그러나 이러한 모든 모호함은 개입자의 가치를 보편

적 가치로 받아들이는 테두리 안에서 나온다. 하지만 이러한 보편적 가치가 특정한 세계체제에서 지배층이 만들어 낸 사회적 산물이라는 점을 깨닫는다면, 이 문제를 더 근본적으로 제기하게 된다. 우리가 기준으로 삼는 것은 전지구적 보편주의가 아니라 유럽적 보편주의, 즉 유럽적 맥락에서 비롯되어 전지구적 보편가치가 되기를 열망하거나 그러한 가치로 제시되는 일련의 원칙들과 윤리적 견해들, 곧 그 신봉자들 중 많은 이들이 자연법이라 부르는 것이다. 그것은 이른바 무고한 양민들의 인권보호와 강자들의 물질적 착취를 동시에 정당화한다. 그것은 윤리적으로 모호한 원칙이다. 그것은 심지어 자연법이라고 역설하는 기준을 사용하면서도 어떤 이들의 범죄는 비난하고 다른 이들의 범죄는 보아 넘긴다.

전지구적 보편가치가 없다는 것은 아니다. 다만 우리는 그러한 가치는 무엇인지를 아직까지 도무지 알지 못한다. 전지구적 보편가치는 우리에게 주어지는 것이 아니라 우리가 창조하는 것이다. 그러한 가치를 창출하려는 인간의 기획은 인류의 위대한 윤리적 기획이다. 그러나 그것은 우리가 강자의 이데올로기적 관점을 넘어서 선에 대한 진정한 공통의 (따라서 훨씬 더 전지구적인) 인식으로 향해 갈 때 비로소 성취의 희망이 있는 것이다. 그러한 전지구적 인식은 그러나 다른 구체적 토대, 즉 우리가 지금까지 구축해왔던 어떤 것보다도 훨씬 평등한 구조를 요구한다.

우리는 언젠가, 아니 생각보다 빨리 그러한 공통의 토대에 접근할 수 있을지 모른다. 그것은 현재진행중인바, 현존하는 세계체제로부터——더 낫거나 그렇지 않을 수도 있는——다른 체제로의 이행을 통해 어떤 세상이 나타날 것인가에 달려 있다. 그러나 우리가 이러한 이행기를 뚫고 나가 더 평등한 세상에 진입할 때까지는 라스 까싸스가 설파한바, 충동적인 윤리적 오만에 대한 회의적 억제가 이 세계에 관한 쎄뿔베다 부류의 자기본위적인 윤리적 확신보다 더 도움이 될 것이다. 반인륜적 범죄에 대한 전지구적 법적 제재조치를 강구하는 일은 그 제재조치가 강자들에 정복당한 사람들에게만큼이나 강자들에게도 적용되지 않을 때, 가치가 거의 없다.

바야돌리드에 소집된 인디아스 자문위원회는 그 평결을 보고하지 않았다. 이 때문에 쎄뿔베다가 이겼다. 아직도 이 위원회는 그 평결을 보고하지 않고 있고, 그래서 그 자체로 단기적으로는 쎄뿔베다가 여전히 이기고 있다. 이러한 세계의 라스 까싸스들은 순진하고 무능한 악의 교사자들이라고 비난받아왔다. 그러나 그들은 그럼에도 우리에게 가르칠 어떤 것이 있다. 우리의 정당성에 대한 얼마간의 겸손함, 억압받고 박해받는 사람들에 대한 얼마간의 구체적인 지지, 그리고 진정으로 집단적이고 따라서 진정으로 세계적인 전지구적 보편주의에 대한 얼마간의 지속적인 탐색이 그것이다.

제2장

비(非)오리엔탈리스트가
될 수 있는가

본질주의적 특수주의

18세기 무렵에는 쎄뿔베다와 라스 까싸스가 논쟁했던 쟁점들이 더이상 격렬한 논쟁의 소재가 아니었다. 유럽세계는 아메리카대륙과 세계의 다른 지역에 대한 식민지배의 정당성을 인정받았다. 그러나 식민지역에 대한 공개적인 논쟁이 계속될 때마다 그 논쟁은 일차적으로 어떻게 유럽인들이 토착민과 관계를 맺을 것인가에 관한 것이 아니라, 이 지역에서의 유럽 정착민의 자치권에 관한 것이 되었다. 그럼에도 이제 유럽인들은 팽창과 여행과 교역의 과정에서 토착민들, 특히 19세기에 아시아에서 '고급문명'——이 개념에는 무엇보다도 중국, 인도, 페르시아 그리고 오스만투르크 제국이 포함된다──지대라고 불리게 된 지역에 위치한 토착민들과 점점 더 많이 접촉하게 되었다.

이 지대들은 모두 일반적으로 제국이라고 불리는 거대한 관료체제가 일정 시기에 성립되었던 곳들이다. 이 세계제국들은 각기 문자 형식과 문헌을 가진 공통어(lingua franca)를 소유했다. 이 제국들은 각기 그 지대 전체에 통용된 것으로 보이는 주요한 종교에 의해 지배되었고 상당한 부를 누렸다. 18세기에는 유럽열강들이 아직 군사적으로 이 지역에 침입할 처지가 아니었기 때문에 그들 대부분은 이들에 대해 어떻게 생각해야 할지 확실히 알지 못했다. 처음에 그들은 이들에게 배울 게 있는 것처럼 호기심 어린 태도와 일정한 존중의 자세를 취했다. 이 지대들은 따라서 유럽인들의 의식에 상대적으로 대등한 자, 협력 가능한 자 그리고 (형이상학적으로나 군사적으로) 잠재적인 적으로 인식되었다. 1721년 몽떼스끼외(Montesquieu) 남작이 자신의 저서 『페르시아 서한집』(*Persian Letters*)을 출간한 것은 이런 맥락에서였다.

『페르시아 서한집』은 페르시아에 간 유럽 여행객이 아닌 유럽, 특히 빠리에 간 페르시아 여행객이 가상으로 쓴 허구적인 편지 모음집이다. 30번 편지에서, 리까(Rica)는 빠리사람들이 자신이 입고 있는 이국적인 옷에 매혹되었다고 고향에 편지를 쓴다. 이것이 성가셔서 그는 군중과 섞이기 위해 유럽식 옷을 받아들이기로 했다고 말한다. "모든 이국의 장식을 벗어버렸을 때, 내가 더 정확히 평가받는다는 것을 알게 되었다." 그러나 가끔씩 누군가 자신이 누구인지 알아보고, 다른 이에게 그가 페르시아사람이라고 말한다는 것이다. 이에 대한 즉각적인 반응은 "아, 아, 그가 페르시아사람이라고요? 대단히 놀랍군요! 어떻게 페르시아사람이 될 수 있지요?"(몽떼스끼외 〔1721〕 1993, 83면)였다고 한다.

이것은 유명한 질문이고 그후로 죽 유럽인들의 정신세계에 악귀처럼 따라붙은 질문이다. 몽떼스끼외의 책에서 가장 놀라운 점은 이러한 의문에 대해 어떠한 대답도 제공하지 않는다는 것이다. 왜냐하면 페르시아 습속에 관한 글을 쓴다고 가장하지만, 몽떼스끼외는 실제로 유럽의 습속을 논의하는 데 일차적인 관심을 두기 때문이다. 그는 자신이 속한 세계에 대한 사회비판을 용이하게 하기 위해 허구적인 페르시아 논평자를 보호장치삼아 자신의 견해를 표명한 것이다. 그는 실제로 당시 상대적으로 문화적 자유의 중심이었던 네덜란드에서 익명으로 책을 출간할 정도로 충분한 주의를 기울였다.

이른바 동양의 고급문명세계에 대한 유럽사회의 무지에도 불구하고, 자본주의 세계경제의 팽창은 막을 수 없는 것으로 판명되었다. 유럽이 지배하는 세계체제는 구미(歐美)를 기반으로 퍼져나가 자신의 노동분업체계로 포섭하기 위해 점점 더 많은 세계의 지역을 포괄하게 되었다. 지배는 단순한 접촉과는 대조적으로 문화적 동등함이라는 의식을 허용하지 않는다. 지배자들은 자신들이 지배집단이며 그 체제에서 생산된 경제적 잉여의 주된 수혜자라는 것이 윤리적·역사적으로 정당하다고 인식할 필요가 있다. 따라서 유럽이 이른바 고급문명과 접촉하여 뭔가 배울 수 있다는 모호한 느낌과 호기심은 사라지고 왜 이러한 지대들이 정치적·경제적으로 유럽에 종속되었는가를 설명할 필요성이 생겨났다. 이러한 지대가 '고급'문명이라고 간주되었다는 사실에도 불구하고 말이다.

전개된 설명의 핵심은 대단히 단순하다. 고대 그리스·로마 세계에 (그리고 어떤 사람들에게는 구약의 세계에도) 뿌리를 두고 있는 유럽 '문명'만이 자본주의 세계체제에서 홍성한 관습, 규범, 관행의 잡탕에 붙이는 포괄적인 용어인 '근대성'(modernity)을 산출할 수 있었다는 것이다. 근대성이 문자 정의상 진정한 보편적 가치들, 즉 보편주의의 구현이라고 운위되었기 때문에, 근대성은 윤리적 선이자 역사적 필연성이었다. 비유럽적 고급문명에는 근대성과 진정한 보편주의를 향한 인간의 행진과 양립할 수 없는 어떤 것이 있음이 분명하고 또 언제나 그런 어떤 것이 있었음이 분명했다. 본래부터 진보적이라 주장되는 유럽문명과는 달리, 다른 고급문명들은 그 궤도가 아무래도 경직되어서 외부(즉 유럽)세력의 강요 없이는 근대성의 일정한 변형으로 변모될 수 없었다는 것이다.

이것은 특히 이 고급문명들을 연구했던 19세기 유럽 학자들이 제시한 논제였다. 이러한 학자들은 근대성의 현장인 서구(the Occident) 출신이기 때문에 오리엔탈리스트(Orientalist)라고 불렸다. 오리엔탈리스트들은 소규모의 탄탄한 집단이었다. 오리엔탈리스트가 되는 것은 쉽지 않았다. 이러한 학자들은 문자화된 문헌과 상이한 종교(기독교와는 다른 이른바 세계종교)를 지닌 고급문명들을 탐구했기 때문에, 이 낯선 문명의 사람들이 자신들과 세계에 대해 어떻게 생각하는지를 어느정도 이해하려면, 유럽인에게는 난해한 언어를 배우고 그 자체로 촘촘하고 문화적으로도 동떨어진 텍스트들을 숙독할 필요가 있었다. 오늘날 우리는 오리엔탈리스트들이 해석학적으로 감정이입에 입각해야 했다고 할 수 있을 것이다. 19세기와 20세기 전반부 동안 그런 학자들은 많지 않았고, 거의 모든 이가 유럽인이나 북미인이었다.

이 학자집단의 주장과 문화적 전제 들이 자세한 비판을 받게 된 것은 1945년 이후였다. 물론 그때 이런 일이 일어난 이유는 분명하다. 1945년 이후, 세계체제의 지정학이 상당히 변화했다. 반(反)나찌즘 전쟁은 나찌가 그렇게 무시무시한 결론을 이끌어냈던 본질주의적 인종주의를 퇴색시켰다. 그리고 더욱 중요한 것은 오리엔탈리스트들의 저술대상이었던 비유럽세계가 자신의 국가에 대한 서구의 통제에 대항하여 전면적인 정치적 반란을 일으켰다는 점이다. 반식민주의 혁명이 아시아와 아프리카 전역에서 일어났고, 라틴아메리카 내부에서는 정치·문화적 변혁이 일어났다.

1963년, 아브델-말렉(Anouar Abdel-Malek)은 이러한 정치적 변화가 학문세계에 끼친 영향을 상술하는 논문을 발표했다. 논문에는 '위기의 오리엔탈리즘'이라는 제목이 붙어 있었다. 그는 오리엔탈리스트들의 두가지 주요한 역사상의 전제를 분석했다. 그가 주장하는바, 문제틀의 수준에서 오리엔탈리스트들은 추상적 실체인 동양(the Orient)을 연구의 대상으로 설정했다. 그리고 주제의 수준에서 그들은 이 대상에 관한 본질주의적 개념을 채택했다. 이 두 전제에 대한 아브델-말렉의 공격은 오늘날 우리에게는 거의 진부해 보이지만, 그 당시에는 학문적으로 (그리고 정치적으로) 급진적인 것으로 여겨졌다.

그리하여 우리는 실제적인 구체성에 기반했지만 역사와는 유리되고, 따라서 막연하고 본질적이라고 생각되는 하나의 유형학에 도달하게 된다. 그것은 연구된 '대상'을 다른 것으로 전환시키고 그 대상과 관련하여 연구 주체는 초월적이다. 따라서 우리는 **호모 씨니쿠스, 호모 아프리카누스, 호모 아라비쿠스**(호모 아이집티쿠스는 왜 안되겠나?)를 갖게 될 것이다. 반면에 인간, 즉 '정상적인' 인간은 고대 그리스에서 비롯한 역사적 시기의 유럽인이다. 우리는 따라서 18세기와 20세기 사이에 맑스와 엥겔스에 의해 폭로된 소수의 가진 자들의 패권주의와 프로이트에 의해 해체된 인간중심주의가 어떻게 인문과학과 사회과학에서, 특히 비유럽 민족과 직접적인 관련이 있는 것들에서 서구중심주의와 서로 제휴하는지 분명히 알 수 있다([1972] 1981, 77~78면).

하지만 아브델-말렉은 소규모의 전문가집단을 제외하고는 범유럽세계에서 널리 읽혀지지 않았다. 근대세계 비서구지역 현실에 관한 앎의 방식이자 해석으로서의 오리엔탈리즘에 관한 광범위한 논쟁을 불러일으킨 것은 다름 아닌 에드워드 싸이드(Edward W. Said)에 의해 15년 후에 출간된 『오리엔탈리즘』(*Orientalism*, [1978] 2003)이었다.

싸이드의 책은 오리엔탈리즘의 학문적 영역, 특히 아랍-이슬람 세계를 다룬 부분에 관한 연구다. 그러나 그것은 또한 더욱 중요하게도 싸이드가 오리엔탈리즘의 "더 일반적 의미"라고 부르는 것, 즉 "'동양'과 (그 시기 대다수) '서양' 간의 존재론적·인식론적 구별에 기초한 사고방식"

([1978] 2003. 2면)에 관한 연구였다. 하지만 그는 오리엔탈리즘을 사고방식 이상의 것으로 보았다. 그가 역설하는바, 그것은 "동양을 다루기 위한 법인기관, (…) 서구문화가 계몽주의 이후 시기에 동양을 정치적·사회학적·군사적·이데올로기적으로, 그리고 상상적으로 다루고 심지어는 만들어낼 수 있도록 하는 거대한 체계적 학제"(3면)였다.

그러고 나서 싸이드는 이렇게 덧붙인다. "오리엔탈리즘을 식민지배의 합리화라고 단순히 말하는 것은 식민주의가 사후보다는 사전에 오리엔탈리즘에 의해 정당화되는 정도를 무시하는 것이다"(39면). 왜냐하면 "오리엔탈리즘은 근본적으로 동양이 서양보다 약자라는 이유로 동양에 강요되는 정치적 원리이기"(204면) 때문이다.

나아가 그의 관점에서 보자면, 사고방식으로서의 오리엔탈리즘은 자기충족적이며 학문적인 도전에 개방적이지도 않다.

오리엔탈리스트는 그앞에 펼쳐진 들쭉날쭉한 전체 파노라마──문화, 종교, 정신, 역사, 사회를 파악할 목적으로 위로부터 동양을 개관한다. 이를 위해 그는 모든 세부사항을 일련의 환원적 범주(셈족, 무슬림정신, 동양 등) 장치를 통해 바라보아야 한다. 이러한 범주들은 기본적으로 도식적이고 효율적인 것들이기 때문에, 그리고 어떤 동양인도 오리엔탈리스트가 할 수 있는 방식으로 그 자신을 알 수 없다고 간주되기 때문에 동양에 관한 어떠한 시각도 논리적 일관성을 위해서는 궁극적으로 그 시각을 가지고 있는 개인, 제도, 혹은 담론에 의지하게 된다. 어떠한 포괄적인 시각도 근본적으로 보수적이다. 그리고 우리는 근동지역(the Near Orient)에 관한 서양의 사상사에서 이러한 관념들이 그것을 반박하는 어떠한 증거에도 개의치 않고 어떻게 관철되어왔는지 주목해왔다(실제로 우리는 이러한 관념들이 자체의 타당성을 증명하는 증거들를 생산한다고 주장할 수 있다)(239면).

최초 출간 후 15년 만에 쓴 책의 후기에서 싸이드는 자신의 책 및 그와 비슷한 주장을 하는 다른 책들이 불러일으킨 분노와 저항의 요체가 "그 책들이 문화, 자아, 민족 정체성의 확실한 실재성과 변함없는 역사성에 대한 순진

한 믿음을 와해시키는 듯하다"(332면)는 점에 있다고 주장
했다.

그래서 싸이드는 어쨌다는 것인가? 그는 "오리엔탈리
즘에 대한 해답은 옥시덴탈리즘이 아니다"(328면)고 주장하
면서 책을 마친다. 그리고 자신의 책과 그 수용에 관하여
성찰하면서, 그는 거대서사의 소멸에 강조점을 둔다고 자
신이 비판한 포스트모더니즘과, 그 자신이 관여한 탈식민
주의 간의 구별을 역설했다. 탈식민주의적 예술가들과 학
자들은 〔포스트모더니즘과〕 완전히 반대입장이라는 것이다.
왜냐하면 그들에게는:

그 이행과 실현이 현재는 중단되고, 연기되거나 회
피된다 해도, 거대서사는 남아 있다. 탈식민주의의 긴
급한 역사적·정치적 요청과 포스트모더니즘의 상대적
무관심 간의 이 중대한 차이는, 그들 사이의 (예컨대
'환상적 리얼리즘'과 같은 기법에서처럼) 일정한 겹침
이 존재한다고 하더라도 전적으로 다른 접근과 결과로
향하게 된다(349면).

몽떼스끼외는 어떻게 페르시아사람이 될 수 있는가라고 질문했었다. 그러나 그는 거기에 대답하는 데는 실제로 관심이 없었다. 차라리, 그가 실제로 관심을 가진 것은 유럽인이 된다는 것의 대안적인 방식들을 정교하게 검토하는 데 있었다. 이것은 완전히 정당한 관심사다. 그러나 그것은 우리가 어떻게 보편적인 것과 특수한 것 간의 적절한 균형에 도달하느냐라는 실제적 문제에 대한 일정한 거리두기를 시사했다. 몽떼스끼외는 물론 유럽인이고 유럽적 배경과 인식틀에서 글을 썼기 때문에, 유럽 내의 다른 사람들이 일련의 보편적 가치들을 제시하는 방식에 관해서는 의심을 가졌지만 보편적 가치의 실재성에 관해서는 그렇게 많이 의심하지 않았다.

싸이드는 대조적으로 여러가지 정체성들의 가장자리에 위치한 철저한 혼성인이었다. 그는 고등교육을 받은 인문학자이자 영문학 전문가였고 서구 대학제도의 (교수였고) 산물이었다. 그러나 그는 또한 태생과 (정서적·정치적) 충성심에 있어서 팔레스타인인이었기 때문에, 그가 '사고방식'이라고 부르는 것으로서의 오리엔탈리즘의 학문적·정치적 함의에 몹시 분개했다. 그는 본질주의적 특수성(the essentialist particular)이라는 양식화된 개념이 오만한 서구 관찰자의 발명품이기 때문에, 그 누구도 페르시아인이 될 수 있는 방법은 없다고 주장했다. 하지만 그는 오리엔탈리즘을 옥시덴탈리즘으로 대체하기를 거부했고, 그를 참조하는 사람들이 자신의 분석을 활용하는 몇몇 방식들에 당혹해했다.

싸이드 자신은 푸꼬(M. Foucault)의 담론개념, 권력구조와 담론의 내밀한 연관성, 그리고 권력구조에 대한 성찰 등을 명시적으로 활용하였다. 그는 오리엔탈리즘이라는 본질주의적 담론은 기술되고 있는 지역의 현실과 동떨어져 있다고 말했다. 세계의 강자들에 의해 연구되고 분류되는 하위자들의 시각과 경험에 비추어볼 때 특히나 그렇다는 것이다. 요컨대 그는 낱말과 개념과 개념화가 중요하며 우리의 지식틀은 불평등한 사회·정치 제도의 구성에 하나의 원인이 되지만 유일한 원인은 결코 아니라고 말했다. 그는 우리에게 거대서사를 거부하지 말고, 정반대로 그것으로 돌아가라고 요청했다. 거대서사는 다만 오늘날 '중단되고, 연기되거나 회피되었을' 뿐이기 때문이다.

거대서사로 돌아갔을 때, 우리는 두가지 문제에 직면

할 듯하다. 하나는 우리가 살고 있는, 나라면 세계체제라고 부르고 싶은, 세계와 보편적 가치에 은밀히 관여하고 그것을 이행하는 힘있는 자들의 주장들을 평가하는 것이다. 다른 하나는 보편적 가치와 같은 것이 존재하는지 여부와 만약 그렇다면 언제 어떤 조건에서 우리는 그것을 알게 될 수 있는가를 숙고하는 것이다. 나는 이 두가지 문제를 차례로 다루고자 한다.

어떤 의미에서 모든 알려진 역사적 체제는 보편적 가치에 기반한다고 주장해왔다. 가장 내향적인 유아론(唯我論)적 체제도 명목상 가능한 유일한 방식으로, 혹은 신에게 받아들여질 수 있는 유일한 방식으로 일을 처리한다고 주장한다. "아, 아, 그가 페르시아사람이라고요? 대단히 놀랍군요! 어떻게 페르시아사람이 될 수 있지요?" 즉, 사람들은 주어진 역사적 체제 속에서 사회적 관행에 참여하고, 그 관행을 정당화하는 설명을 제공한다. 그들은 그러한 관행과 설명이 인간행위의 규범이라고 믿기 (믿도록 배웠기) 때문이다. 이러한 실천과 믿음은 자명한 것으로 여겨지기 십상이고, 통상 성찰이나 의심의 주제가 되지 않는다. 혹은 적어도 그것들을 의심하거나 심지어 그것들에 대

해 성찰하는 것은 이단적이거나 불경스러운 것으로 간주
된다. 그들이 살고 있는 역사적 사회체제의 관행과 정당화
에 의문을 제기하고자 하는 몇 안되는 사람들은 용감할 뿐
아니라 터무니없이 무모한 사람들이다. 집단은 거의 확실
히 그들에게 등을 돌릴 것이고 아주 빈번하게 그들을 용서
할 수 없는 이단자라고 처벌할 것이기 때문이다. 그래서
우리는 보편주의를 주장하는 것만큼 자민족중심주의적이
고 특수주의적인 것은 없다라는 역설적 논제로 시작해볼
수 있다.

그럼에도 근대세계체제에 관한 이상한 점, 즉 그 체제
에 특유하게 적용되는 것은 그러한 의심이 이론적으로는
합법적이라는 점이다. 내가 이론적으로는 그렇다고 하는
이유는 실제에서 세계체제의 강자들은 그러한 의심이 그
체제의 결정적인 몇몇 전제를 효과적으로 붕괴시키는 지
점에 이를 때마다 정통적인 억압의 마수를 드러내는 경향
이 있기 때문이다.

우리는 이를 쎄뿔베다-라스 까싸스 논쟁에서 확인했
다. 라스 까싸스는 쎄뿔베다가 설파하고 아메리카대륙의
정복자들과 식민지배자들이 실천했다고 당연히 전제되는

보편적 가치의 이행에 관해 의문을 제기했다. 확실히 라스 까싸스는 에스빠냐 국왕의 행위의 정당성 자체에 이의를 제기하지 않도록 유의했다. 실제로 그는 왕에게 보편적 가치에 대한 자신의 독법, 아메리카대륙 토착민의 특수한 관습들에 더 많은 여지를 줄 수 있는 그런 독법을 뒷받침해 달라고 호소했다. 하지만 라스 까싸스가 시작한 주장을 따르게 되면 얼마 지나지 않아 필연적으로 황제의 권력구조 전체를 의문시하게 될 판이었다. 따라서 왕은 주저했고, 바야돌리드의 특별심판단들 역시 머뭇거렸다. 이로 인해 라스 까싸스의 이의제기는 사실상 묻히고 말았다.

그리고 근대세계체제의 지배적인 서구 정복자들이 '페르시아인들'과 마주쳤을 때, 그들은 처음에는 놀라움——어떻게 페르시아인이 될 수 있는가?——으로 반응했다. 그러고 나서 자신들을 유일한 보편적 가치의 독점적 담지자로 생각하는 자기정당화로 반응했다. 이것이 처음에 아브델-말렉이, 그후에는 싸이드가 분석하고 규탄하려고 애썼던 '사고방식'으로서의 오리엔탈리즘에 관한 이야기다.

그런데 20세기 후반에 세계체제에 어떤 변화가 있어

서 싸이드가 이런 주장을 할 수 있었고, 자신의 분석과 규탄에 대한 광범위한 청중을 발견할 수 있었는가? 아브델-말렉이 우리에게 그 답을 제시했다. 오리엔탈리즘에 대한 '비판적 수정'을 요청하면서 아브델-말렉은 다음과 같이 말했다.

이해를 열망하는 그 어떤 엄밀한 과학이라도 그러한 수정을 받아야만 한다. 이런 때늦고 여전히 내키지 않는 양심의 위기를 초래한 것은 다름 아닌 지난 두세대 동안의 아시아, 아프리카, 그리고 라틴아메리카 국가들과 민족들의 재기(再起)다. 원칙에 의거한 요구는 정치적 요인의 (결정적인) 영향력의 결과——즉 세계적으로 진행된 다양한 민족해방운동의 승리의 결과로서, 피할 수 없는 실천적 필요성이 되었다.

당장 가장 큰 충격을 경험했던 것이 바로 오리엔탈리즘이다. 1945년 이후로 오리엔탈리즘의 손아귀로부터 벗어났던 것은 바로 '지역'뿐 아니라 옛날에는 여전히 연구의 '대상'이었으나 오늘날에는 주권적 '주체'인 '사람들'이기 때문이다([1972] 1981, 1082면, 73면).

1963년에 아브델-말렉을 비롯한 다른 이들이 요청한 비판적 수정은 전문적 오리엔탈리스트들의 폐쇄적인 학문 영역에 우선적인 영향을 끼쳤다. 겨우 10년 후인 1973년에 오리엔탈리스트 국제회의(International Congress of Orientalists)는 그 명칭을 아시아·북아프리카 인문학 국제회의(International Congress of Human Sciences in Asia and North Africa)로 변경할 수밖에 없음을 깨달았다. 확실히 이것은 격렬한 논쟁을 겪고서야 이루어졌고, 10년이 더 지난 후 이 그룹은 아시아·북아프리카 연구 국제회의(International Congress for Asian and North African Studies)로 또 한번의 명칭변경을 함으로써 미세하게 균형을 회복하려고 애썼다. 하지만 오리엔탈리스트란 용어는 부활되지 않았다.

싸이드가 했던 것은 이 폐쇄적인 영역 밖으로 나오는 것이었다. 그는 더 광범위한 영역에서 일반적인 학문논쟁에 참여했다. 싸이드는 1968년 세계혁명에 반영되고 그것에 의해 촉발된 광범위한 지적 대격변의 물결을 탔다. 따라서 그는 일차적으로 오리엔탈리스트들을 향해 말한 것이라기보다는 더 큰 두 부류의 청중을 향해 말한 것이다. 한편으로 그는 1968년에 비롯된 다양한 다수의 사회운동에 중심적으로 혹은 주변적으로라도 참여한 사람들, 그리고 1970년대에 이르러 지식구조에 관한 문제에 더 세심하게 관심을 돌린 사람들에게 말을 걸었다. 그는 그들에게 근대세계체제의 지구문화(geoculture)에 그렇게 깊숙이 뿌리박힌 물화(物化)된 이분법적 범주의 거대한 학문적·윤리적·정치적 위험성을 강조했다. 보편적이라고 운위되는 유일한 가치와 관습에 대한 이해가 부족하며 본질적이고 불변하는 페르시아인들(특수자들)은 없다고 목소리를 높여야 한다는 것이다.

싸이드가 또한 말을 걸었던 두번째 청중은 우리 모두가 속한 지식제도와 포괄적인 사회제도 안에 놓인 정직하고 선량한 모든 개인들이다. 그는 그들에게 거짓된 신들, 즉 당연한 것으로 전제되는 보편주의들을 경계하라고 말했다. 그것들이 권력구조와 그 불평등함을 은폐할 뿐 아니라 기존의 부도덕한 양극화를 핵심적으로 조장하고 유지하기 때문이라는 것이다. 사실 싸이드는 당연한 것으로 전제되는 보편적 가치들에 대한 이 정직하고 선량한 개인들의 또다른 해석에 호소하고 있었다. 이런 의미에서 그는 라스 까싸스의 기나긴 모색을 반복하고 있었다. 그리고 이 모색에서 그는 라스 까싸스처럼 좌절감과 미진함 속에서 죽어갔다. 그 모색——보편적인 것과 특수한 것의 진정한 (학문적·윤리적·정치적) 균형을 위한——의 성격을 올바로 평가하기 위해서 우리는 싸이드가 누구와 싸웠는지 살펴보아야 한다. 그는 우선적으로 그리고 가장 큰 목소리로 세계의 강자들 및 그 지적 하수인들과 열정적으로 싸웠다. 그 지적 하수인들은 싸이드에게는 너무나 명백하게 부당해 보이는 세계체제의 기본적 불평등을 정당화할 뿐 아니라 그들 스스로 불평등의 결실을 누리고 있었다.

따라서 그는 그들과의 지적인 대결뿐 아니라 직접적인 정치 논쟁에 기꺼이 참여했다. 그는 팔레스타인 망명정부 국회(Palestine National Council) 의원으로 활동했고 심의작업에 참여했다. 그는 그 내부의 선도자로서 팔레스타인해방기구(PLO)에 이전의 전면적인 영국 위임통치에 대한 다년간의 보상권 주장을 재고하도록 요구했고 1967년 국경선을 따라 팔레스타인 자치정부와 나란히 이스라엘의 권리가 존재한다는 것을 인정하라고 요청했다. 주지하듯이 이는 팔레스타인해방기구가 결국 1993년 오슬로 평화협정과 함께 채택한 입장이었다. 그러나 2년 후에 야씨르 아라파트(Yāsir Arafat)가 이스라엘 측과 오슬로 II 평화협정에 조인하면서 팔레스타인해방기구의 이 수정된 입장을 이행할 것이라고 주장했을 때, 싸이드는 이 협정이 공정한 합의에 훨씬 미치지 못한다고 생각했다. 싸이드는 그것을 "팔레스타인 판 베르사유조약"(Palestinian Versailles)이라고 비난했다. 그는 상당수의 아랍세계와 사이가 멀어질 수 있는 상이한 입장을 취하는 것을 꺼리지 않았다. 예컨대, 그는 홀로코스트 수정주의, 워싱턴이 여전히 지지하고 있던 시기의 이라크 바스 정권, 그리고 다양한 아랍 정권들의 부패를 비난했다. 그러나 무엇보다도 그는 팔레스타인 정부의 단호한 지지자였다.

싸이드는 전보다는 목소리가 낮았지만 여전히 진심어린 세번째 싸움을 벌였다. 그것은 포스트모더니스트들과의 논쟁이었다. 그가 생각하기에 이들은 학문적 분석에 대한 모색을 포기하고 따라서 정치적 변혁을 포기했다. 싸이드에게 오리엔탈리스트 학자들에 대한 공격, 팔레스타인에 대한 윤리적으로 일관되고 정치적으로 확고한 입장의 고수, 그리고 그가 정신적·비물질적·지적 게임이라고 여기는 것에 있어서 거대서사를 포기하지 않으려고 했던 것, 이 세가지 이슈 모두는 동일한 모색의 일부였다.

그러므로 우리는 싸이드의 책을 그 시기의 맥락에 자리매김해야 한다. 첫째, 1945년 이후 전세계적인 민족해방 운동 열풍, 둘째, 세계체제의 권력구조에서 그리고 지식구조의 학문적 분석에서 잊혀졌던 민족들의 정당한 입지에 대한 요구의 표현이었던 1968년 세계혁명이 그것이다.

50년 동안 이어진 논쟁의 결과를 이런 식으로 요약할 수 있다. 즉 세계체제에서의 세력균형 변동이, 근대세계체제의 역사 대부분을 지배했고, 우리의 모든 인식틀에 깊이 뿌리내린 이분법적 대립쌍들의 보루가 되었으며 지배적인 사고방식에 대한 정치적·지적 정당화의 근거 역할을 했던 보편주의에 관한 단순한 확신을 종식시켰다는 것이다. 우리가 아직 성취하지 못한 것은 어떤 대안적인 틀, 즉 우리 모두가 비오리엔탈리스트가 될 수 있도록 해주는 틀에 대한 어떤 합의, 아니 사실은 이에 대한 여하한의 분명한 상이다. 이것이 다음 50년 동안 우리 앞에 놓여 있는 도전이다. 그래서 우리는 우리의 거대서사를 구성하려 할 때 제기되는 두번째 질문에 이를 수밖에 없다. 보편적 가치라는 것이 있기는 하는가? 있다면 언제 어떤 조건에서 우리는 그것을 알 수 있는가? 즉, 우리는 어떻게 비오리엔탈리스트가 될 수 있는가?

맨 처음부터 시작해보자. 하나의 가치가 보편적임을 어떻게 안다고 생각하는가? 그 가치의 보편적/지구적 실행을 통해서 답을 얻을 수 있는 것은 확실히 아니다. 19세기에 몇몇 인류학자들은 모든 사람이 모든 곳에서 관찰할 수 있는 관습이 있다고 애써 주장했다. 가장 흔한 예가 근친상간 금기였다. 그러나 그렇게 지구적 사회관습으로 당연시되는 것에 대해서도 어떤 시공간에서는 예외인 경우를 계속해서 발견하기란 어렵지 않았다. 그리고 물론 사실상 모든 곳에서 거의 동일한 관습이 존재한다면——종교적이든 세속적이든 정치적이든 간에——어떠한 종류의 개종은 결코 필요하지 않았을 것이다. 개종은 개종자들——이를테면 개종시키는 사람들이 보편적이라 여기는 가치를 실천하지 않는 사람들이 있음을 가정하기 때문이다.

보편적 가치들은 통상 다음의 두가지 근거 중 하나에 기반하여 진리라고 주장되어왔다. 그 가치들이 우리에게 어떤 사람이나 어떤 것—예언자, 예언서들, 혹은 그러한 예언자나 예언서의 권위를 통해 정당성을 부여받았다고 자임하는 기관들—을 통해 '계시되었다'거나, 혹은 그것들이 비범한 사람들이나 집단의 예지를 통해 '당연한' 것으로 '밝혀졌다'는 것이다. 우리는 계시된 진리를 종교와 연관짓거나 자연법 원칙을 윤리학이나 정치철학과 연관지어 생각한다. 두가지 종류의 주장과 관련된 어려움은 분명하다. 보편적 가치들을 정의하는 어떤 특수한 주장들 사이에서도 잘 알려진 다툼이 존재한다. 다양한 종교와 종교기관이 존재하고 그들의 보편주의들이 항상 서로 양립할 수 있는 것은 아니다. 그리고 서로 판이하게 다른 다양한 형태의 자연법이 어김없이 존재한다.

나아가, 우리는 일련의 보편적 가치를 신봉하며 그것을 옹호하는 사람들이 자신들이 선언하는 진리의 배타성에 관해서는 뻔질나게 꽤나 열성적이지만 보편적 가치들의 대안적 형태들에 대해서는 상당히 불관용적임을 안다. 심지어 다양한 견해에 대한 지적·정치적 관용의 미덕이라는 원칙 자체도 논란을 면할 수 없는 또하나의 보편적 가치에 불과하며 우리가 현재 살고 있는 역사적 체제 내부의 일부 집단들이 거의 언제나 여기에 이의를 제기하고 있다.

물론 우리는 급진적인 상대주의 원칙을 강조함으로써, 그리고 모든 가치체계들은 예외 없이 주관적인 창안물이며 어떤 것도 사실상 보편적으로 타당하지 않기 때문에 그 가치체계들은 동등한 타당성을 지닌다고 말함으로써 이러한 불확실성을 학문적으로 해결할 수 있다. 그러나 사실은 어떤 사람도 절대적으로 급진적 상대주의를 일관되게 주장할 의향이 있는 것은 아니다. 우선은 그것이 자기모순적 주장이다. 왜냐하면 급진적 상대주의는 자신의 기준에 따라 단지 하나의 가능한 입장, 즉 다른 모든 보편주의 주장만큼이나 타당성이 없는 입장일 수 있기 때문이다. 또 실제에서 우리가 〔급진적 상대주의를〕 정당한 행위라고 기꺼이 받아들이는 데에는 일정한 한계가 존재하는 상황이다. 왜냐하면 그렇지 않을 경우 우리는 진짜로 무정부적인 세계, 즉 우리의 생존을 즉각적으로 위협하는 세계에 살 것이기 때문이다. 혹은 그 입장을 일관되게 기꺼이 주장할 의향이 있는 사람이 있다고 해도, 우리는 아마도 그런 사람들에게 정신병자라는 꼬리표를 붙여 우리의 안전을 위해 감금시킬 것이다. 그러므로 나는 어떤 사람도 진심으로 그런 주장을 한다고는 믿지 않기 때문에, 급진적 상대주의를 타당성 있는 입장에서 제외한다.

그러나 현명한 사람들의 예지를 통해 계시되거나 도래하는 보편적인 것들이 실제로 반드시 보편적이라는 주장을 받아들이지 않거나 급진적 상대주의가 타당한 입장이라고 믿지 않는다면, 보편적인 것들과 특수한 것들의 관계 및 비오리엔탈리스트가 될 수 있는 방법과 관련하여 무슨 말을 할 수 있겠는가? 우리를 따라붙어다니는 수많은 오리엔탈리즘의 분신들이 존재하기 때문이다. 유럽중심적 보편주의들에 분노한 사람들은 종종 위계질서를 전도시키는 것에서 매력을 발견하는데 그들은 다음의 두 방식 중 하나로 이 일을 수행한다.

첫번째는 유럽이 성취했다고 당연히 받아들여지는 것들, 즉 우리가 '근대성'이란 말로 구체화하는 것들이 보편주의적 가치들에 대한 유럽의 애착에서 생겨난 특유의 것들이 아닌 다수 문명의 공통된 열망이었다고 주장하는 것이다. 18세기 이후로, 16세기 이후로, 13세기 혹은 10세기 이후로 그런 애착은 별로 중요하지 않다는 것이다. 그러고 나서 일시적인 힘의 우위 덕택에 유럽인들이 세계의 다른 지역에서 이런 [근대성을 성취하는] 과정을 중단시킬 수 있었고, 바로 이것이 현재의 정치적·경제적·문화적 차이를 설명해준다고 덧붙이는 것이다. 이것은 일종의 "우리도 당신과 똑같이 할 수 있었을 텐데" 하는 자세다. '페르시아인들'이 유럽을 정복할 수 있었을 것이고, "아, 아, 그가 유럽인이라고? 대단히 놀랍군요! 어떻게 유럽인이 될 수 있지요?"라고 그때 묻는 사람이 바로 그들 자신들일 수도 있다는 것이다.

두번째는 위계를 다른 식으로, 즉 이런 취지의 주장을 한걸음 더 밀고나감으로써 전도시키는 것이다. '페르시아인들'은 이미 우리가 근대적이라는 꼬리표를 붙일 수 있는 일들을 하고 있었다거나 유럽인들보다 훨씬 앞서서 근대성을 이룩하고 있었다는 것이다. 요행으로 유럽인들은 일시적으로 19세기와 20세기 일부 동안 먼저 선수를 쳤을 수도 있다. 그러나 결국 장기간의 역사에서 보편적 가치의 표본은 유럽인들이 아니라 '페르시아인들'이었다. 따라서 우리는 이제 유럽이 대부분의 시대에 주변부 지역이었고, 아마도 그렇게 머물러 있을 운명임을 분명히 하기 위해 세계의 역사를 다시 써야 한다는 것이다.

이러한 주장들은 싸이드가 '옥시덴탈리즘'이라고 불렀던 것이자, 내가 '반(反)유럽중심적 유럽중심주의'(월러스틴 1997)라고 불렀던 것이다. 옥시덴탈리즘인 이유는 그것이 싸이드가 맹비난했던 동일한 이분법적 구별에 기반했기 때문이다. 그리고 반유럽중심적 유럽중심주의인 이유는 그것이 인식론적 문제들을 전적으로 다시 제기하는 대신 유럽인들이 근대세계에 부과하는 지적인 틀의 규정을 전적으로 받아들이고 있기 때문이다.

이러한 분석은 현실적인 관점에서 시작하는 것이 더 유용하다. 실제로 근대세계체제가 있고, 이는 이전의 체제들과 실로 다르다. 그것은 자본주의 세계경제인데 장기 16세기에 유럽과 아메리카대륙에 나타났다. 그리고 일단 스스로 공고화할 수 있게 되자, 자본주의 세계경제는 지리적으로 팽창하기 위해 자신의 내적 논리와 구조적 필요성을 따르게 되었다. 자본주의 세계경제는 이를 위해서 군사적·기술적 역량을 개발했고, 그래서 세계를 차례로 통합할 수 있었으며 마침내 19세기의 언제가에 전지구를 포괄하게 되었다. 나아가 이 대목에서 다룰 주제는 아니지만 이 세계체제는 이전의 세계체제들과는 상당히 다른 원칙에 따라 운영되었다(월러스틴 1995를 보라).

자본주의 세계경제에 특유한 것들 중 하나는 독창적인 인식론의 개발인데, 자본주의 세계경제는 이 인식론을 그 운용능력을 유지하는 데 주된 요소로 사용한다. 내가 논의해왔던 것, 몽떼스끼외가 『페르시아 서한집』에서 주목했던 것, 그리고 싸이드가 『오리엔탈리즘』에서 그렇게 맹렬하게 공격했던 것이 바로 이 인식론이다. 이분법적 구별, 특히 (지배세력의 원리에 구현되었다고 주장되는) 보편주의와 (지배당하는 사람들의 특징으로 간주되는) 특수주의의 이분법적 구별을 구체화하는 것이 바로 근대세계체제다.

그러나 1945년 이후 이 세계체제는 내부로부터 가혹한 공격을 받았다. 그것은 처음에는 민족해방운동에 의해, 나중에는 1968년 세계혁명에 의해 부분적으로 붕괴되었다. 그것은 또한 그 존재이유인 자본의 끊임없는 축적을 지속할 능력에서 구조적인 붕괴를 경험해왔다(월러스틴 1998을 보라). 그리고 이것은 우리가 이 죽어가는 세계체제를 훨씬 더 나은 체제로 바꿀 필요가 있을 뿐 아니라 우리가 비오리엔탈리스트가 될 수 있도록 어떻게 지식의 구조를 재구성할 것인가를 고심해보아야 한다는 것을 의미한다.

비오리엔탈리스트가 되는 것은 우리의 인식과 분석과 가치진술을 보편화해야 할 필요성과, 보편적인 것을 내놓는다고 주장하는 다른 사람들이 특수주의적 인식과 분석과 가치진술을 잠식하는 것에 맞서 그 특수주의적 뿌리를 지켜내야 할 필요성 사이에서 발생하는 끊임없는 긴장을 받아들이는 것을 의미한다. 우리는 일종의 끊임없는 변증법적 교환 속에서 우리의 특수한 것을 보편화하면서 동시에 우리의 보편적인 것을 특수화할 필요가 있고, 이를 통해 우리는 새로운 종합에도 다가갈 수 있을 것이다. 물론이 종합에 즉각적으로 이의가 제기될 것이다. 이것은 쉬운게임이 아닌 것이다.

제3장

우리는 어떻게
진리를 아는가

과학적 보편주의

근대세계에는 경쟁하는 두가지 양식의 보편주의가 있어왔다. 오리엔탈리즘이 그 하나인데, 이는 본질주의적 특수자들을 지각하는 방식이다. 그 뿌리는 일정 형태의 인본주의에 놓여 있다. 오리엔탈리즘의 보편적 특성은 일련의 고유한 가치가 아니라 일련의 본질적 특수주의들의 항구성에 있다. 다른 하나의 대안적 양식은 정반대로서 과학적 보편주의와 매순간에 모든 현상을 지배하는 객관적 법칙에 관한 주장이다. 적어도 18세기 후반부터 인본주의적 양식은 호된 공격을 받게 되었다. 많은 이들이 인본주의적 보편주의 주장들에 내재한 약점들을 인식하게 되었다. 근대세계의 지배적인 인본주의 — (계몽주의 가치들로 변형된) 서구 기독교 가치들 — 는 인식론적으로 자기정당화 원칙이며, 따라서 그저 일련의 주관적인 주장들일 따름이라고 비난받을 수 있었다. 주관적인 것은 항구성이 없는 것처럼 보였다. 그런 만큼 그것은 보편적일 수 없다고 그 반대자들은 말했다. 19세기부터는 보편주의의 또다른 주요한 근대적 양식 — 과학적 보편주의 — 이 결과적으로 사회적 수용이라는 관점에서 상대적 강점을 얻게 되었다. 1945년 이후에 과학적 보편주의는 거의 상대가 없을 정도로 의심할 여지없는 서구 보편주의의 가장 유력한 형태가 되었다.

이 과학적 보편주의는 어디에서 유래했는가? 유럽적 보편주의 담론은 항상 확실성에 관한 것이었다. 근대세계체제에서 확실성에 관한 초기 신학적인 기반은 호된 도전에 직면했다. 그리고 보편적인 것에 대한 관점의 근거를 신의 계시된 진리에 두고 있는 사람이 여전히 많이 남아 있었지만, 다른 많은 사람들에게 특히 사회적·지적 엘리뜨 사이에서 신은 확실성의 다른 원천들에 의해 대체되었다. 오리엔탈리즘 담론은 본질주의적 특수자들의 확실성——즉 어떻게 페르시아인이 되고, 어떻게 '근대적'이 되는가——에 관한 것이었다. 그러나 이 담론이 그저 주관적일 따름이라고 거부되고 따라서 더이상 확실하지 않아 의문에 부쳐졌을 때, 그것은 선형성, 결정론 그리고 시간가역성 등에 관한 뉴튼(Sir Isaac Newton)적 전제에 구현된 과학의 확실성에 의해 대체될 수 있었다. 문화적으로 그리고 정치적으로, 이것은 계몽사상가들에 의해 진보의 확실성, 특히 과학적 지식과 그 기술적 적용에서의 진보라고 번역되었다.

이러한 인식론적 혁명——처음에는 이른바 두개의 문화라는 개념의 창안과 공고화, 그후 내부에서의 과학적 보편주의의 승리——의 중요성을 이해하기 위해서는, 그것을 우리의 근대세계체제 구조 내부에 위치시켜야 한다. 그 구조란 자본주의 세계경제다. 그것은 약 500여년 동안 존속해왔고 최초의 중심지(유럽의 일부와 아메리카 대륙의 일부)로부터 확장되어 19세기에 이르러 전지구를 세력범위로 통합하면서, 지구상의 유일한 역사적 체제가 되었다. 모든 체제들처럼, 그것은 생명을 가지고 있다. 즉 발생기와 장기간의 작동, 그리고 현재의 말기적·구조적 위기가 있는 것이다. 정상적인 작동기간 동안 그것은 시간에 따라 팽창하는 일정한 물리적 경계 내부에 존재하는 일정한 법칙들 혹은 제약들에 의해 작동했다. 하지만 다른 모든 체제들처럼 그것은 우리가 거기에 역사적 체제라는 꼬리표를 붙일 수 있을 정도의 관찰 가능한 방식으로 진화했다. 말하자면 어느정도 기본적인 체제상의 특징을 유지하는 가운데 그 경과에 따라 그에 대한 기술이 항상 변화하고 진화해갔다는 것이다. 우리는 주기적 리듬(균형상태로 되돌아가려는 변동, 아마도 동적 균형상태moving equilibrium)의 관점에서 그 체제적 특징을 기술할 수 있고, 장기적 추세(균형상태에서 이탈해서, 결국에 균형상태로부터 멀리 떨어져나가는 변동)의 관점에서 역사적 진화를 기술할 수 있다.

장기적 추세 때문에, 그 체제는 불가피하게 균형상태로부터 충분히 멀리 떨어져 더이상 제대로 작동할 수 없는 지점에 이르게 된다. 이전에는 별다른 어려움 없이 동적 균형상태로 되돌아갔던 그 체제의 진동이 더 격렬해지고 무질서해진다. 이것이 오늘날 현존하는 우리의 세계체제가 도달한 지점이다. 그 체제는 분기(分岐)하기 시작했는

데 이는 그 체제가 새로운 안정성, 즉 무질서로부터 창출되는 새로운 질서, 이를테면 단순히 변형된 구체제가 아니라 전적으로 새로운 체제가 될 새로운 질서를 발견하기 위해서 적어도 두개의 다른 방향 중 하나로 진입할 수 있다는 것을 의미한다. 그러나 그 과정이 분기점의 어떤 갈래를 택할 것인가는 본질적으로 예측불가능하다. 왜냐하면 그것은 거시적 관점에서는 무작위적이라 불릴 수 있지만 미시적 관점에서는 일련의 개별적 선택을 수반하기 마련인 무한한 투입의 결과일 것이기 때문이다.

나는 이 추상적인 언어를, 이것이 왜 근대세계체제가 현재 체제상의 위기에 처했다는 것을 의미하고, 우리가 무질서하고 분기하는 시기를 통과하고 있다는 것을 의미하며, 붕괴하는 세계체제에 대한 대체물로서 우리가 세우고자 하는 세계체제의 성질과 관련해 우리가 집단적으로 전지구적 투쟁의 한가운데에 있다는 것을 의미하는지 짤막한 분석으로 옮겨보도록 하겠다.

자본주의 세계체제의 근본원리는 자본의 끝없는 축적이다. 이는 이 체제의 존재이유이고, 이 체제의 모든 제도는 이러한 목표를 추구해야 하며 이를 따르는 사람에게는 보상이 주어지고 그렇지 않는 사람에게는 응징이 따른다. 확실히 이 체제는 이러한 목적을 증진시킬 수 있는 제도들로 구성되는바, 그중 가장 중요한 것은 핵심부 생산과정과 주변부 생산과정 사이의 기축적(基軸的) 노동분업이고 그러한 생산과정들은 국가간체제 내부에서 작동하는 주권국가들의 네트워크에 의해 관리된다. 그러나 이 체제는 또한 그것이 잘 작동하도록 하기 위한 문화적-지적 발판을 필요로 한다. 이 발판은 세가지 주요한 요소를 갖고 있다. 보편주의적 규범과 인종주의/성차별주의적 관행의 역설적인 결합, 중도자유주의에 의해 지배되는 지구문화, 그리고 거의 주목받은 바 없으나 상당히 중대한, 이른바 두개의 문화간의 인식론적 구분에 기반한 지식구조가 그것이다.

여기서 이 내적으로 연결된 제도들의 네트워크가 어떻게 작동하는지 상세하게 설명할 수는 없다.[*] 다만 나는 이 체제가 4백~5백년 동안 그 선도적인 목표의 관점에서 대단히 효과적이고 성공적으로 작동해왔음을 강조할 것이다. 그것은 기술과 부의 엄청난 팽창을 이룩할 수 있었지

---

[*] 이러한 제도에 관한 개략적인 설명은 월러스틴(2004b)을 보라. 이 제도들의 발전에 관한 역사적인 설명은 월러스틴(1974~89)를 보라.

만, 이는 상위 20퍼센트와 하위 80퍼센트 간의 세계체제의 점증적인 양극화라는 댓가를 치르고서야 가능했다. 그 양극화는 경제적이면서도 정치적이었고 사회적이면서도 문화적이었다.

긴히 주목해야 하는 것은 이 체제의 장기적 추세들로 인해 그 과정들이 최근에 점근선에 접근했다는 점이다. 이는 끝없는 자본의 축적을 계속 촉진하는 것을 불가능하게 만들었다. 이를 이해하기 위해서는 자본주의 체제에서 생산과정을 통해 자본으로 축적될 수 있는 잉여가치/잉여이익이 달성되는 기본과정에 주목해야만 한다. 기본적으로 어떠한 기업의 이익도 제품이 시장에서 실현하는 가격과 생산비용 간의 차이에서 발생한다. 단지 상대적으로 시장을 독점한 상품만이 큰 이익을 실현할 수 있다. 경쟁하는 상품은 판매가격을 낮추어야 하기 때문이다. 그러나 독점상품조차도 이익유지를 위해서는 생산비용을 계속 낮추는 것에 의존한다. 이것이 생산자들의 지속적인 관심사다.

이 체제에는 세가지 주요한 생산비용 유형이 있다. 인건비, 투입비용, 세금이 그것이다. 각각이 물론 복합패키지이지만 통상 이 세가지 모두 시간이 지남에 따라 잠재적인 판매가격에서 차지하는 비율이 높아졌고, 결과적으로 오늘날 자본축적을 지속할 수 있는 능력을 위협하는 전지구적 이익감축이 상당한 비율로 존재한다는 점이 밝혀지고 있다. 따라서 이는 자본주의 체제의 존재이유를 무너뜨리는 것이며, 오늘날 우리가 놓여 있는 구조적 위기의 원인이 되었다. 세가지 생산비용에 그러한 장기적인 상승추세가 왜 존재하는지 속히 논의해보자.

인건비의 근본적인 결정요소는 항상 계급투쟁이었다. 계급투쟁은 일터와 국가정치 장에서의 정치적 투쟁이었다. 이러한 투쟁에서 노동자들의 기본수단은 노동조합 조직이었다. 고용주들의 기본수단은 저임금을 기꺼이 감수하는 다른 노동자들을 배치해내는 능력이었다. 노동자들의 부차적인 수단은 강력한 생산품시장이 존재하는 한 생산을 꾸준히 유지하면서 일정 지역에 체류하는 것이 고용주들에게 유리하다는 점이었다. 고용주들의 부차적인 수단은 항상 노동자의 요구를 억압하기 위해 국가기구를 동원할 수 있는 능력이었다.

게임은 다음과 같은 방식으로 벌어졌다. 충분한 생산품시장이 존재하는 한, 고용주들은 필요하다면 노동자들의 더 높은 보수에 대한 요구에 부응하면서 일정 장소에 체류함으로써 붕괴를 피하는 것을 선호했다. 동시에 이것은 노동자조직의 발전을 촉진했다. 그러나 생산품시장이 옹색해지자, 고용주들에게는 인건비를 긴급히 삭감할 동기가 더 많아지게 되었다. 하나의 전술로서 탄압이 실패로 돌아가면 고용주들은 인건비가 더 낮은 지역으로 생산공정을 재배치하는 것을 고려할 수 있었다.

고용주들은 저임금 고용을 기꺼이 받아들이는 농촌노동자의 대규모 인력풀이 존재하는 어떤 곳에서나 그러한 지역을 발견할 수 있었다. 그렇게 새롭게 고용된 임금노동자들의 실질수입이 이전에 그들이 농촌지역에서 얻었던 것보다 높기 때문이었다. 기본적으로 세계가 인구통계학적으로 농업세계였던 한, 그러한 지역을 발견하기란 항상 쉬운 일이었다. 이러한 해결책이 가진 유일한 문제는 이를테면 20~25년의 기간이 지나면 이 새로운 지역의 노동자들이 조직화하여 더 높은 보수를 요구하기 시작하고 고용주들은 원래의 상황으로 되돌아간다는 점이었다. 실제로 일어난 일은 머지않아 고용주들이 생산공정을 또다시 다른 지역으로 옮겨놓는 일을 반복하는 것이었다. 이렇게 계속되는 생산공정의 재배치는 생산자의 관점에서 보면 꽤 잘 작동해왔다고 설명될 수 있다. 그러나 오늘날 고용주들은 새롭고 단순한 딜레마에 직면하고 있다. 계속되는 재배치는 세계의 탈농업화를 초래해서 이런 방식으로 생산을 이전시킬 지역이 거의 남아 있지 않다. 그리고 이는 필연적으로 인건비가 전세계적인 차원에서 평균적으로 상승해왔음을 의미한다.

두번째 기본적 생산비인 투입비용으로 가면 유사한 과정이 일어나고 있었음을 알 수 있다. 투입비용을 늘리지 않는 가장 중요한 방법은 생산자가 비용의 전액을 지불하지 않는 것이었다. 이는 말도 안되는 생각처럼 보이지만 실제에 있어서는 경제학자들이 조심스럽게 비용의 외부화라 이름 붙인 것을 통해 쉽게 달성되어왔다. 생산자들이 다른 사람의 부담으로 떠넘길 수 있는 비용에는 세가지 종류가 있다. 첫번째는 생산과정에서 생겨나는 온갖 위험한 폐기물의 제독(除毒)비용이다. 제독작업에 참여하는 것이 아니라 폐기물을 단지 처분만 함으로써 상당한 비용을 절감해왔다. 전통적으로 생산자가 부담해야 할 비용으로 여겨지지 않았던 두번째 비용은 원자재의 복원 내지 재생비용이다. 그리고 생산자가 부담하지 않거나 기껏해야 부분적으로만 부담하는 세번째 비용은 투입물을 생산지로, 혹은 완제품을 유통지로 이송하는 데 필요한 기반시설 비용이었다.

이러한 비용들은 거의 항상 지불이 연기되어왔고, 마침내 떠맡아야 할 때는 국가가 지불했는데, 이는 사실상 투입을 통해 이득을 얻는 생산자가 아닌 다른 사람들이 그러한 비용의 대부분 부담했다는 것을 의미한다. 그러나 시간이 가면서 이러한 일을 하기가 더 어려워졌다. 전지구적 독성오염은 그러한 독성의 집단적인 위험성에 대한 심각한 우려와 생태적 복구에 대한 사회적 요구가 있을 정도로 증가했다. 이러한 일이 일어났으므로 증가한 제독비용을 내부화하라는 요구가 뒤따랐다. 원자재의 전지구적 고갈은 더 값비싼 대체제의 출현으로 이어졌다. 상시적인 기반시설비용의 상승은 적어도 그 비용의 상당부분을 사용자들이 부담하라는 요구로 이어졌다. 이 세가지 사회적 반응 모두 투입비용의 상당한 상승을 가져왔다.

마지막으로 세금은 단순한 이유로 꾸준히 상승해왔다. 세계는 민중적 압력뿐만 아니라, 노동계급의 물질적 요구의 일정 부분을 충족시켜줌으로써 이러한 민중적 압력을 완화시켜야 할 필요성 때문에 점점 민주화되어왔다. 이러한 민중적 요구들은 기본적으로 세가지를 위한 것이었다. 교육제도, 건강보험, 평생수입보장(노령연금, 실업급여, 취업훈련기간소득 등)이 그것이다. 〔민중적 요구의〕 실행범위가 지리적으로 넓어짐과 동시에 그러한 비용의 임계치는 꾸준히 상승해왔다. 최종적인 결과는 생산자에 대한 전세계적인 과세증가였다.

확실히, 생산자들은 이러한 비용증가를 반대하는 정치투쟁을 통해 주기적으로 반발해왔다. 인건비 삭감을 추구하면서 생산비용의 내부화에 저항하고 세율을 낮추려고 했다. 이것이 지난 25년 동안 '신자유주의' 운동의 관심사였던바, 그것은 이러한 비용증가를 역전시키려는 시도였다. 하지만 항상 이전 기간의 이러한 비용삭감이 비용상승에 미치지 못해서 전체적인 곡선은 꾸준한 상승일로에 있었다.

그런데 세계체제의 구조적 위기가 지식의 구조, 세계의 대학제도, 그리고 과학적 보편주의와 어떤 관련이 있는가? 전적으로 관련이 있다! 지식의 구조는 근대세계체제의 기본적 작동양상들과 분리되지 않는다. 그것은 근대세계체제의 정치·경제·사회 구조의 작동과 정당화에서 필수적 요소다. 지식의 구조는 역사적으로 기존 세계체제의 유지에 가장 유용한 형태로 발전해왔다. 근대세계체제에서 지식구조의 세가지 측면을 살펴보도록 하겠다. 근대대학제도, 이른바 두 문화간의 인식론적 분리, 사회과학의 특수한 역할이 그것이다. 이 셋은 본질적으로 19세기의 구성물들이다. 그리고 이 셋 모두 오늘날 근대세계체제의 구조적 위기의 결과로 혼란의 와중에 있다.

우리는 통상 제도로서의 대학을 중세 유럽에서 발전한 것이라 말한다. 이는 멋진 이야기를 만들어내고 우리가 대학 식전에서 멋진 가운을 입도록 해준다. 그러나 이것은 실제로는 하나의 신화다. 가톨릭교회의 성직제도인 중세 유럽대학은 본래 근대세계체제의 시작과 함께 사라졌다. 그것은 16세기에서 18세기에 이르는 동안 거의 사멸되었기 때문에 명목상으로만 살아남아 있었다. 대학은 당시에는 확실히 지식생산 내지 재생산의 중심거점이 아니었다.

대학의 재출현과 변모의 출발점을 19세기 중반으로 잡을 수 있다. 18세기 말 이후로 죽 이러한 과정의 시초들이 존재했지만 말이다. 중세의 유럽대학과 근대적 대학을 구별해주는 중요한 특징은 근대적 대학이 임금을 받는 전임교수진과 교육문제에 관한 일정한 종류의 중앙집권적 의사결정방식, 그리고 대개의 경우 전일제 학생들을 갖춘 관료제도라는 점이다. 커리큘럼이 교수들을 중심으로 편성되는 대신에, 지금은 분과조직 내에서 편성된다. 그리고 그 조직은 학위를 따기 위한 분명한 길을 제시하고, 이에 따라 학위는 사회적 자격증 역할을 한다.

19세기 말에 이르면 이러한 조직들은 원칙적으로 세속 지식 전체의 재생산거점이 될 뿐 아니라, 심화연구 및 그 결과인 지식생산의 주요거점이 되었다. 그런 다음 이러한 새로운 종류의 조직은 서구 세계체제 지배의 결과로 유럽과 북아메리카에서 먼저 발전하여 세계의 다른 지역으로 퍼져 나가거나 혹은 그 지역의 의사와는 상관없이 도입되었다. 1945년에 이르러, 거의 세계 전지역에 그 같은 제도가 있었다.

그러나 이러한 세계전역의 대학제도가 완전한 융성기에 도달한 것은 1945년 이후였다. 1945년에서 1970년에 이르는 기간 동안 세계경제는 거대하게 팽창했다. 세계체제의 선도지역을 '따라잡아야' 한다는 주변부지역에서의 점증하는 민족주의적 정서 및 대학기관의 입학자수를 늘려야 한다는 아래로부터의 끊임없는 압력이 이러한 사실과 결합하여, 기관수, 교수진수, 학생수의 관점에서 세계 대학제도의 엄청난 팽창을 가져왔다. 처음으로 대학은 소수 엘리뜨들의 예비근거지 이상이 되었다. 대학은 진짜 공공기관이 되었던 것이다.

세계 대학제도에 대한 사회적 지원은 서로 다른 세가지 원천에서 나왔다. 더 훈련된 인재와 더 근본적인 연구를 필요로 하는 엘리뜨와 정부, 자신들이 활용할 수 있는 기술의 향상을 필요로 하는 생산업체, 그리고 대학제도를 사회적 지위상승으로 바라보는 모든 사람들이 그것이다. 교육은 대중적이었고, 특히 1945년 이후에 대학교육시설은 필수적인 사회시설로 여겨지게 되었다.

근대적 대학을 설립하라는 18세기 중반 이후의 요구뿐 아니라 대학의 수를 늘리라는 1945년 이후의 압력 때문에 이 기관에서 어떤 종류의 교육이 제공될 것인가의 문제가 제기되었다. 대학을 재창설해야 한다는 요구는 18세기 후반에 나타난 새로운 지적 논쟁의 결과로 나왔다. 주지하듯이, 철학자들의 세속적 인문주의는 적어도 두세기 동안, 다소간 성공적으로 이전의 신학적 지식의 패권에 맞서 싸워왔던 터였다. 그러나 그 세속적 인문주의는 이번에는 스스로를 과학자라고 부르기 시작한 학자그룹으로부터 호된 공격을 받았다. (그 말 자체가 19세기의 발명품인) 과학자들은 세계가 본래적으로 파악될 수 있는 것이라는 점에 대해서는 인문주의 철학자들과 의견을 같이하는 사람들이었다. 그러나 과학자들은 실제 현상을 설명해내는 일반적 법칙에 이르는 경험적 조사연구를 통해서만 진리를 알 수 있다고 주장했다. 과학자들의 관점에서 보면 세속적 인문주의 철학자들은 신학자들이 오랫동안 제공해왔던 것과 인식론적으로 다르지 않은 사변적인 지식을 제공하고 있을 따름이었다. 그들은 철학자들이 제공하는 지식이 진위를 판정할 수 있는 것이 결코 아니기 때문에 진리를 재현할 수 없다고 주장했다.

19세기와 20세기에 거쳐 과학자들은 사회적 지원과 사회적 위신에 대한 하나의 주요한 요구를 주장했다. 그들은 향상된 기술로 변형될 수 있는 종류의 지식, 즉 힘있는 사람들이 높게 평가하는 어떤 것을 내놓을 수 있었다. 따라서 과학자들은 이른바 과학과 철학의 분리, 즉 후에 나올 용어로 치면 두 문화의 제도화로 이어졌던 단절을 옹호하고 달성하는 데 온갖 물적·사회적 관심을 갖게 되었다. 이러한 분리의 가장 구체적인 표현은 역사적으로 철학의 중세적 기능이었던 것이 두개로 쪼개진다는 것이었다. 그렇게 쪼개진 기능의 이름은 대학에 따라 달랐지만, 19세기 중반에 이르면 대부분의 대학은 자연과학에 속하는 학부와 통상 인문학(the humanities, 혹은 the arts, 혹은 Geisteswissenschaften)에 속하는 학부를 가지고 있었다.

이러한 두 학부로의 분리에 깔려 있는 인식론적 논쟁의 성격을 분명히 해보자. 과학자들은 그들이 선호하는 방식——입증 가능한 가설에 기초하고/하거나 그러한 가설로 이어지는 경험적 조사연구——을 사용함으로써만, '진리' 즉 보편적인 진리에 도달할 수 있다고 주장했다. 인문학 종사자들은 이 주장에 강하게 반발했다. 그들은 진리에 이르는 길로서 분석적 통찰력, 해석학적 감수성, 즉 감정이입에 입각한 **이해**(Verstehen)를 강조했다. 인문주의자들은 그들의 진리가 더 심오하며 종종 성급한 듯 보이는 과학자의 일반화를 밑받침하는 진리와 똑같이 보편적이라고 주장했다. 그러나 더욱 중요한 것은 인문학 실천가들이 학문 추구에서 가치 및 선과 미의 중심성을 강조한 반면, 과학자들은 과학이 가치와 무관하며 가치는 옳고 그름으로 결코 나타낼 수 없다고 주장했다는 점이다. 따라서 과학자들은 가치가 과학의 관심 밖에 있다고 말했다.

몇십년이 지나자 논쟁은 더욱 격렬해져 한쪽이 다른 쪽의 어떠한 공헌도 깎아내리려는 경향이 있었다. 그것은 위신(지식으로서의 자격상의 위계)의 문제이자 사회적 재원의 할당 문제였다. 그것은 또한 교육제도, 특히 중등교육제도의 관리를 통한 청년들의 사회화를 누가 지배하느냐를 결정하는 문제이기도 했다. 이러한 싸움에 관해 말할 수 있는 것은 점차 많은 사람들, 특히 힘있는 사람들이 인문주의 지식에 종사하는 사람들보다 과학자들을 훨씬 상위에 놓이도록 함으로써 과학자들이 그 사회적 싸움에서 이기게 되었다는 사실이다. 1945년 이후 근대세계체제의 운영에서 새롭고 복잡하고 값비싼 기술이 중심적 역할을 하게 되면서, 과학자들은 인문주의자들을 멀찍이 앞서 갔다.

그 과정에서 사실상의 휴전이 확립되었다. 과학자들

에게 진리의 합법적 주장에서 우선권——사회적 관점에서는 그러한 주장에 대한 통제력——이 주어졌다. 인문주의 지식을 실천하는 사람들은 대부분 이러한 근거지를 양보하고 선과 미의 판정을 추구하는, 즉 단순히 추구만 하는 사람들의 게토(ghetto)에 머물게 되었다. 이는 인식론적 분리 이상으로 진짜 결별이었다. 세계 역사에서 유래가 없는 진리추구와 선미(善美)추구 간의 선명한 분리가 일어났던 것이다. 이제 그러한 분리는 지식의 구조와 세계 대학제도에 각인되었다.

그리고 나서 두 문화 각각의 기능들 내에서 '분과학문'의 경계라 불리게 된 전문화과정이 일어났다. 분과학문이란 전문영역에 대한 권리주장이다. 즉 조사연구의 대상과 대상을 연구하는 데 사용되는 방법의 견지에서, 지식의 영역을 경계 짓는 것이 유용하다는 주장이다. 우리 모두는 널리 받아들여진 주요 분과학문의 이름들을 알고 있다. 자연과학에서는 특히 천문학, 물리학, 화학, 생물학 등이 인문학에서는 특히 그리스어와 라틴어(즉 고전), (국가별) 다양한 국문학, 문헌학, 예술사, 철학 등이 그것이다.

분과학문의 조직화는 두 문화의 분리 이상으로 지식

의 분리를 심화시켰다. 각 분과학문은 대학의 학과가 되었다. 대부분의 특정 분과학문에서 학위가 수여되었고, 교수직이 특정학과에 배당되었다. 더불어, 대학마다 횡적 조직구조가 발전하였다. 분과학문 저널이 나타나서, 그 분과학문 사람들 위주의 혹은 그 사람들만의 논문들이, 그 분과학문이 포괄하게 되어 있는 주제와 관련된(그리고 관련될 뿐인) 논문들이 발표되었다. 그 과정에서 처음에는 국내에서 나중에는 국제적으로, 특정 분과학문의 학자단체가 창립되었다. 마침내 그리고 중차대하게도, 19세기 말엽에 이른바 대형도서관들이 분과학문의 거울이미지인 분류범주들을 창안하기 시작했다. 그러자 다른 모든 도서관들(그리고 서적판매업자들이나 출판업자들)이 그 범주들을 작업을 체계화하는 데 사용할 수 있는 사살상 범주들로 (어쩔 수 없이) 받아들일 수밖에 없다고 느꼈다.

이러한 자연과학과 인문학 지식계의 분리에서 사회과학의 특별하고도 애매한 상황이 존재했다. 프랑스혁명은 그전에 널리 받아들여지지 않았던 두가지 개념을 일반적으로 합법화했었다. 사회정치적 변화의 정상성과 '인민'주권이 그것이다. 이로 인해 지배엘리뜨들이 그러한 정상적인 변화의 양태들을 이해할 필요성이 생겨났고, 그러한 변화에 한계를 부여하거나, 적어도 그 방향을 잡아줄 수 있는 정책개발의 욕망이 진작되었다. 그러한 양태들에 대한 탐구 및 그 파생물인 사회정책들은 경험적 조사연구에 기반한 최신의 역사학을 포함하여 사회과학의 영역이 되었다.

사회과학의 인식론적 문제는 그 종사자들이 두 문화의 전쟁에서 어디에 서 있느냐는 것이었고, 항상 그랬었다. 가장 단순한 대답은 사회과학자들은 인식론적 문제에 관해 철저하게 갈라졌다고 말하는 것이다. 그들 중 일부는 과학의 진영에 속하려고 애쓰고, 일부는 인문학의 진영에 속하기를 강력히 주장했다. 그들 중 거의 아무도 하지 않은 것은 여하한 제3의 인식론적 태도를 발전시키려는 노력이었다. 개별 사회과학자들이 이른바 **방법론 논쟁**(Methodenstreit)에서 어느 한편에 가담했을 뿐 아니라 전체 분과학문이 어느 한편에 가담하려는 경향이 있었다. 경제학, 정치학, 사회학은 대부분 과학의 진영(물론 개별적인 반대자도 있었지만)에 속했다. 역사학, 인류학, 동양학은 일반적으로 인문학의 진영에 속했다. 적어도 이것이 1945년까지의 이야기였다. 그후 전선은 점점 희미해졌다

(월러스틴 외 1996).

근대세계체제가, 내가 믿는바 1968년 세계혁명 시기와 그후에 작동하기 시작한 어떤 구조적 위기에 들어섰을 때, 근대세계체제 지식구조의 세 기둥 모두는 견고함을 상실하고 세계체제의 구조적 위기에 병행하는 것이자 그 위기의 일부이기도 한 제도적 위기를 야기했다. 대학들이 어디로 향해 가고 있는지, 혹은 향해 가야 하는지 상당히 불확실하던 가운데 대학들은 사회적 역할을 재조정하기 시작했다. 두 문화의 심대한 분리는 자연과학과 인문학 내부 모두로부터 호된 심문을 받게 되었다. 이미 번창하여 1945년 직후 전례없이 자기확신으로 가득찼던 사회과학은 흩어지고 쪼개지며 자기회의 속에서 커다란 비탄을 내지르기 시작했다.

세계 대학제도의 기본적인 문제는 그 규모와 비용이 기하급수적으로 증가하고 있는 반면 , 그 사회경제적 토대는 세계경제의 장기침체로 인해 느슨해지고 있었다는 데 있다. 이 때문에 여러 방면에서 다양한 압력이 생겨났다. 학원에서 최고 지성들은 전체비율에서 볼 때 아주 드문 현상이 되었다. 분자가 분모보다 훨씬 안정적이라는 단순한 이유에서였다. 그 결과 교섭력 즉 최고 지성들을 확보하기 위한 비용이 증가했다. 이들은 임금과 연구기금의 거대한 증액과 수업부담의 대량 감소를 얻어내기 위해 자신의 입지를 활용했다. 동시에 대학 행정가들은 교수 대(對) 학생 비율의 감소에 직면하여 이런저런 방식으로 수업부담을 늘리려고 애쓰는 한편, 저임금의 시간제 교수진과 특권을 누리는 층으로 이루어진 이중의 교수제도를 창안했다. 이로 인해 내가 대학의 '중등학교화'라고 부르는 경향, 즉 책임수업시수(특히 대규모 강의)의 증가와 함께 장기적으로는 연구경시 풍토가 나타났다.

게다가, 재정적 압박으로 인해 기업과 정부에 써비스를 판매함으로써, 그리고 교수들의 연구결과를 자신들이 (즉 대학이 직접적이지 않더라도 최소한, 특허권 계약을 통해) 활용할 수 있는 특허권으로 변모시킴으로써, 대학은 시장에서 (적극적) 행위자가 되는 방향으로 움직이게 되었다. 대학이 이러한 노선에 따라 행동하는 만큼이나, 개별 교수들은 연구결과물을 스스로 활용하기 위한 목적으로, 혹은 대학의 상업적 분위기에 대한 반감으로 대학체계와 거리를 두었고 심지어는 그 체계에서 벗어나서 활동하게 되었다. 이러한 불만과 앞서 논의한 교섭력이 결합할 때, 결과는 일부 최고 학자/과학자의 대규모 이동으로 나타날 수 있다. 이러한 일이 일어날 수 있는 한에는, 우리는 대학이 지식생산의 주요거점이 **아니었던** 1800년 이전 상황으로 되돌아가고 있는지도 모른다.

동시에 두 문화의 분리는 동요되기 시작했다. 두개의 주요한 지식운동이 20세기 마지막 3분기에 일어났다. 자연과학에서의 복잡계연구(complexity studies)와 인문학에서의 문화연구(cultural studies)가 그것이다. 그 운동의 참여자들과 분석가들에게 그 운동이 서로 상당히 다르고, 실제로 서로 적대적이라는 점은 표면적일 뿐인 반면, 두 지식운동 사이에는 어떤 중요한 유사성이 있다.

우선, 두 운동은 각 영역에서 역사적으로 지배적이었던 입장에 반대하는 항의운동이었다. 복잡계연구는 기본적으로 뉴튼에서 아인슈타인(Albert Einstein)에 이르기 까지 지배적이었고 4세기 동안 근대과학의 규범적인 기초였던 선형적인 시간가역적 결정론의 폐기였다. 복잡계과학의 주창자들은 과학의 고전적 모델이 실제로 자연의 체계들이 작동하는 방식의 특별한 사례이며, 실제로는 상대적으로 드문 사례라고 역설했다. 그들은 체계들이 선형적이지 않고 오히려 시간이 지나감에 따라 평형상태로부터 멀리 이탈하는 경향이 있다고 주장했다. 그들은 어떤 기투(企投, projection)라도 그 미래 궤도를 결정하는 것은 외재적으로가 아니라 내재적으로 불가능하다고 주장했다. 그들에게 과학의 관심사는 복잡한 것을 단순한 것으로 환원하는 데 있는 것이 아니라 복잡계의 수많은 층위를 설명하는 데 있는 것이다. 그들은 시간가역적 과정이라는 개념이 터무니없다고 생각했다. 전체로서의 우주와 그 내부의 모든 미시적인 요소를 포함하여, 모든 현상에 작동하는 '시간의 화살'이 존재하기 때문이라는 것이다.

비슷하게 문화연구는 인문학에 생명을 불어넣었던 기본개념, 즉 미에 대한 보편적 기준과 선에 대한 자연법적 규범이 존재하고 이러한 것들은 배울 수 있고 가르칠 수 있으며 정당화할 수 있다는 기본개념의 폐기였다. 인문학은 항상 (과학적 보편성에 반하여) 본질주의적 특수성을 선호한다고 주장했지만, 문화연구 주창자들은 전통적인 인문학의 가르침이 일련의 가치들을 보편적이라고 거만하게 단언하는 특정집단——지배 종족집단의 서구 백인남성 —— 의 가치들을 구현했다고 주장했다. 대조적으로 문화연구는 모든 가치판단의 사회적 맥락, 따라서 다른 모든 집단들, 즉 역사적으로 무시되고 모욕당해왔던 집단들의 기여를 연구하고 평가하는 일의 중요성을 강조한다. 문화연구는 모든 독자, 모든 관람자가 예술생산품에 대해 각각 상이할 뿐 아니라 그만큼 유효한 인식을 지닌다는 대중적 개념을 표방했다.

두번째로, 복잡계연구와 문화연구 양자는 스펙트럼상의 다른 지점에서 출발했지만 각기 두 문화의 인식론적 구별이 지적으로 의미가 없으며, 유용한 지식의 추구에 해가 된다고 결론지었다.

세번째로, 두 지식운동은 명시적으로 그렇다고 말하지 않지만 궁극적으로 스스로를 사회과학의 영역에 자리매김한다. 복잡계연구는 시간의 화살과 사회체계는 모든 체계 중에서 가장 복잡하다는 사실 그리고 과학은 문화의 필수요소라는 사실을 강조함으로써 그렇게 한다. 문화연구는 문화생산물을 그 산출의 사회적 맥락, 생산자와 생산에 참여하는 이들의 정체성 및 관련된 모든 이들의 사회심리(정신구조) 내에 자리매김하지 않고서는 그것에 관한 어떤 것도 알 수 없다고 주장함으로써 그렇게 한다. 게다가, 문화연구는 문화생산물은 그것이 위치한 권력구조의 일부이며 권력구조에 깊이 영향을 받는다고 역설한다.

　사회과학에 대해 말할 것 같으면, 그것은 계속해서 점점 전통적인 분과학문의 경계를 흐리고 있다. 거의 모든 분과학문이 자신의 이름에 다른 분과학문을 수식어로 덧붙인 부전공을 개설해왔었다(예컨대, 경제인류학, 사회역사학 내지 역사사회학 등). 거의 모든 분과학문이 한때는 다른 분과학문들에 해당되었던 것들을 포함하여 방법론들을 혼용하기 시작했다. 더이상 특정 분과학문 사람들에 의해 이루어지는 기록보관작업(archival work)이나 참여관찰법 내지 여론조사를 찾아볼 수 없다.

　더불어, 새로운 유사 분과학문이 출현해서 지난 30~50년 동안 강력하게 성장해왔다. 다양한 지역의 지역학, 여성 및 젠더연구, 소수민족연구(그에 대한 연구를 주장할 만큼 정치적으로 강력한 각 집단에 대한 연구), 도시연구, 개발연구, 게이-레즈비언연구(더불어 성담론에 촛점을 맞춘 다른 형태의 연구들)가 그것이다. 많은 대학에서 이러한 독립체들이 전통적인 학과들과 어깨를 나란히

하는 학과로 변모했다. 그렇지 않으면, 그것들은 적어도 이른바 프로그램으로 개설되었다. 저널들과 탈분과적 학회들이 이전의 분과학회와 나란히 발전했다. 이러한 새로운 유사 분과학문들은 점점 더 많이 분과학문의 경계를 넘나듦으로써 사회과학의 혼란을 가중시켰을 뿐 아니라, 점점 더 많은 독립체들이 본질적으로 같은 돈을 놓고 경쟁함에 따라, 더 심각한 재정적 압박이 초래되었다.

20~50년 앞을 내다본다면 세가지 일들이 일어남직하다는 것이 나에게 분명해 보인다. 근대적 대학은 지식생산 내지 심지어 지식재생산의 주요거점이 되지 못할 가능성이 있다. 무엇이 그것을 대체할지 혹은 대체할 수 있을지 거의 논의되지 않았지만 말이다. 인식론적으로는 지식구조의 새로운 구심적 경향이 재통합된 인식론(기존의 두가지 주요한 것들 모두와 다른)으로, 그리고 아마도 일부에서는 내가 생각하는바, '모든 지식의 사회과학화'로 이어질 가능성이 있다. 그리고 사회과학 분과학문들은 조직상으로는 붕괴되어, 그 윤곽이 매우 불분명한 형태로 철저하게 재조직화되기 십상이거나, 행정가들에 의해 어쩔 수 없이 그렇게 될 것이다.

요컨대, 나는 서구 보편주의들 중에 최종적이고 가장 강력한 것인, 과학적 보편주의가 그 권위에서 더이상 명명백백한 것은 아니라고 믿는다. 지식의 구조는 전체로서의 근대세계체제와 똑같이 무질서와 분기의 시기로 접어들었고 그 결과는 마찬가지로 결코 단정할 수 없다. 나는 지식 구조의 전개가 근대세계체제 전개의 그야말로 일부——그리고 중요한 일부——라고 믿는다. 전자의 구조적 위기는 후자의 구조적 위기다. 양쪽 전선에서 미래를 위한 싸움이 벌어질 것이다.

제4장

이념들의 권력,
권력의 이념들

주는 것인가 받는 것인가

나는 근대세계체제 권력의 실체들이 지난 5백년에 걸쳐, 권력을 소유했던 사람들이 권력을 유지할 수 있도록, 일련의 정당화 이념들을 어떻게 만들어왔는지 보여주려고 노력해왔다. 거기에는 세가지 중요한 큰 개념들이 있었고 그것들은 유럽적 보편주의가 취한 모든 형태였다. 나는 그것들을 차례로 논의해왔다. 보편적 가치를 보유했다고 믿는 사람들이 야만인들에게 개입할 권리, 오리엔탈리즘의 본질주의적 특수주의, 과학적 보편주의가 그것이다. 이러한 세가지 일련의 이념들은 사실 서로 밀접한 관련을 지니며, 그것들이 근대세계에서 중심주제로, 따라서 이러한 논의에서 잇따라 출현하는 것은 우연이 아니다.

근대세계체제는 무력을 사용하여 그 경계선들을 확장시키고 대규모 인구층들을 통제하지 않고서는 성립되어 제도화되지 못했을 것이다. 그럼에도 불구하고, 우월하고 압도적인 무력마저도 영속적인 지배권을 확보할 정도는 아니었다. 강자들은 항상 지배에 따르는 잇점과 특권을 위해 어느정도 정당성을 얻어야 할 필요가 있었다. 강자들은 이러한 정당성을 우선은 자신들의 핵심지도세력으로부터 얻어야 할 필요가 있었다. 그 핵심지도세력은 강자들의 권력에 필수적인 인적 교량(transmission belt)이었으며, 그들 없이는 강자들이 더 큰 규모의 피지배집단 위에 군림할 수 없었을 것이다. 그러나 강자들은 또한 자신들이 지배하는 사람들로부터 일정한 정당성을 얻어야 할 필요가 있었다. 이는 자신들에게 요구된 역할을 수행함으로써 어쨌든 일정 정도의 즉각적인 보상을 받는 핵심지도세력의 동의를 얻는 것보다 훨씬 힘들었다.

다양하게 제시된 독트린들을 둘러싼 주장들을 살펴보면, 그 주장들은 항상 결국에는 강자의 타고난 우월성을 증명하려고 하는 데로 귀결된다. 이 독트린들은 이러한 타고난 우월성으로부터 지배의 능력뿐 아니라 지배의 정당성을 끌어낸다. 지배의 윤리적 정당성에 대한 동의를 얻는 것은 권력의 정당화를 달성하는 데 핵심요소가 되어왔다. 그러기 위해서 지배의 **단기적** 효과가 부정적인 것처럼 보여도, **장기적** 효과는 피지배자들에게 이롭다는 점이 입증되어야만 했다.

물론 무자비한 권력을 통해 지배할 때, 이렇게 주장하는 것은 특히나 어렵다. 이는 16세기에 에스빠냐가 아메리카대륙을 정복할 때의 상황이었다. 개입의 권리는 무자비한 권력의 사용을 정당화하기 위한 독트린이었다. 이것은 앞서 살펴본 대로, 당시 에스빠냐의 두 지식인 라스 까싸스와 쎄뿔베다의 논쟁에서 처음으로 심각하고 의미있게 검토되었다. 그들은 기본적인 쟁점에 관해 논쟁하고 있었다. 그것은 아메리카대륙 에스빠냐 정복자들이 토착민들과 관련하여 어떤 권리를 갖고 있는가, 혹은 반대로, 에스빠냐 정복자들과 관련하여 토착민들은 어떤 권리를 갖고 있는가였다.

쎄뿔베다는 아메리카 원주민들의 기본적인 야만성으로부터 개입권을 끌어냈다. 앞서 살펴본 대로, 쎄뿔베다는 아메리카 원주민들의 관행이 그들 자신과 다른 이들에게 너무나 해로워서 거기에 참여하지 않도록 물리적으로 제지해야 한다고 역설했다(이는 한 개인이 정신적으로 불안정해서 방치되면 자신과 다른 이들에게 해를 끼칠 수 있다는 주장과 유사하다). 쎄뿔베다는 나아가 개종을 통해 영혼이 구원받을 수 있다는 점에서 기독교로 개종하라는 압력이 아메리카 원주민들에게 최대한 이득이 된다고 주장했다.

이러한 종류의 주장에 대해, 라스 까싸스는 인류학뿐 아니라 신학의 차원에서 대응할 필요가 있었다. 라스 까싸스는 악이라고 일컬어지는 것은 어디에서나 일어나는 것이며, 따라서 아메리카 원주민들에게 특별한 것은 아니라는 이유를 들어 에스빠냐인들의 그러한 개입권을 인정하지 않았다. 그리고 그가 덧붙이기를 개입에 대한 어떠한 정당화도 개입이 입힌 손해와 개입이 달성한다고 주장하는 이득을 상대비교해서 측정할 수 있는 계산법에 의존한다는 것이다. 그는 아메리카 원주민들의 관행들이 그들 자신과 다른 이들에게 내포하는 위험성에 대해 의문을 제기했다. 라스 까싸스는 이러한 관행들이 부정적인 것들이라

할지라도 여기에 개입하는 것이 사실상 득보다는 더 큰 해를 초래하지 않을까 하는 의문을 제기했다. 그리고 신부로서 그는, 개종을 성취해야 한다는 압력은 잘못된 근거에서 개종이 이루어지게 하며 따라서 그 개종은 신학적으로 받아들일 수 없는 것이라고 주장했다. 그러나 쎄뿔베다가 추구하려고 했던 고상한 수준의 논쟁 아래에서 라스 까싸스는 에스빠냐 지배 뒤에 숨은 사회경제적 현실, 즉 에스빠냐의 정복뿐만 아니라 플랜테이션농업과 다른 사업들의 성립으로 야기된 가혹한 인간착취와 그로 인한 명백한 윤리적 만행들을 들춰내려고 노력했다.

이 논쟁은 16세기에만 이루어진 것은 아니고 그후로 계속되었다. 우리는 9·11 이후 '테러와의 전쟁'에서 침략과 군사적 지배에 대한 동일한 취지의 정당화를 계속해서 듣고 있다.

즉 그 전쟁이 다른 이들이 저질러놓은 무시무시한 해악을 예방하고, 군사적 노력의 결과는 현재 민주주의를 갖지 못한 민족들에게 '민주주의'를 가져다줄 것이며, 따라서 단기적으로 그들이 전쟁과 지배의 온갖 후유증으로 고통받지만 장기적으로는 그들에게 이롭다는 것이다.

16세기처럼 오늘날 이러한 주장은 적어도 지배의 직접적이고 실질적인 수혜자인 일부 사람들뿐 아니라 강자들에게 필수적인 교량 역할을 하는 핵심지도세력의 상당 비율을 설득하기 위해 이루어진다. 우리에게 16세기와 21세기의 정당화 정도를 비교할 수 있는 객관적인 척도는 없다. 그러나 이른바 쎄뿔베다의 정당화 방식의 유용성은 다소간 설득력을 상실했다고 생각하는 것은 타당해 보인다. 우리에게는 잔인한 무력사용의 장기효과를 평가할 수 있는 5세기의 시간이 있었고 그 효과가 대체로 긍정적이라는 주장이 점점 더 많은 사람들에게 경험적으로 의심스러워 보이게 되었다. 결과적으로 그 같은 주장은 더이상 강자들과 특권층의 지배를 정당화하는 데 충분히 기여하지 못한다.

물론 쎄뿔베다의 방식은 이미 18세기에 설득력을 상실하고 있었다. 이것이 오리엔탈리즘 방식이 더 큰 역할을 하게 된 이유 중 하나다. 우선은 (중국과 인도 같은) 관료적 세계제국의 상속자들이 살고 있는 거대 지대들을 그저 '야만인들'——야만인의 개념을 어떻게 규정하든지 간에——로 가득차 있는 것처럼 여기는 것이 어려워졌다. 강자들이 자신들의 지배를 학문적으로 정당화하는 방식으로서 오리엔탈리즘에 의지해야 한다는 사실 자체가, 자신들이 다루고 있는 사람들이 자신들의 권력에 보다 격렬하게 즉각적으로 저항할 수 있는 집단이며, 이들이 바로 그 핵심지도세력의 마음을 움직일 수 있는 자질을 갖춘 집단이라는 점을 강자들이 인식했다는 표시다.

오리엔탈리즘은 쎄뿔베다 주장의 더 교묘한 변주였다. 그 '사례연구' 대상이 이른바 미개인들이 아니라 비록 서구 기독교문명은 아니더라도 이른바 고급문명이었기 때문이다. 오리엔탈리즘은 타자, 특히 세련되고 잠재적으로 강력한 타자를 구체화시키고 본질적으로 만듦으로써 서구의 본래적 우월성을 입증하려는 방식이었다.

오리엔탈리즘은 악덕이 미덕에 댓가를 치러야만 하는 위선의 형태였다. 오리엔탈리즘 주장의 핵심은 오리엔탈 '문명들'이 문화적으로 서구 기독교문명만큼이나 풍성하고 세련되었다는 것이 사실이라 해도, 각기 문명들 모두가 작지만 중대한 결함을 가지고 있다는 점은 여전히 사실이라는 것이다. 그들 문명에는 '근대성'으로 나아가지 못하게 하는 어떤 것이 존재한다고 주장되었다. 그들은 너무

경직되어 문화적 질병으로 여겨질 수 있는 일종의 문화적 아관경련(lockjaw)을 앓고 있다는 것이다.

정치적·경제적·군사적·문화적 지배에 대한 새로운 논거가 등장하고 있었다. 자신들의 특권적 지위가 일종의 막다른 길에 몰려 있는 사람들의 탈출을 도울 수 있기 때문에 강자들은 그러한 지위를 누리는 것이 정당하다는 주장이 그것이다. 서구문명의 도움에 힘입어 오리엔탈문명들은 자신들의 문화적 (그리고 물론 기술적) 가능성에 스스로 설정해놓은 한계를 돌파할 수 있다는 것이다. 〔그리고〕 이런 서구의 지배는 따라서 의심할 여지없이 일시적이고 과도기적인 현상이지만, 세계의 발전과 지배당하는 사람들의 직접적인 이익에 필수적인 현상이라는 것이다. 이러한 종류의 주장을 하기 위해서는 자신들 '문명의' 틀로 기술되던 사람들의 특수한 성격을 '본질화'해야 하는데, 이것이 오리엔탈리즘이 의미하는 바다. 개입의 권리를 찬성하는 주장들이 퇴조한 후에 그 분신인 오리엔탈리즘이 서구 핵심지도세력과 피지배자들, 특히 피지배지역의 핵심지도세력 모두에게 설득력을 발휘하면서 한동안 통용되었다. 후자는 우선 사실상 '서구화'에 다름 아닌 '근대화'

모델에 유인되었고 (문화적으로, 어떤 사람도 서구인이 될 수 있고 그것은 다만 교육과 의지의 문제라는 식의) 평등주의적 허울을 쓴 원칙에 만족했다. 그러나 수십년이 지나자, '동화'되어 서구인, 심지어는 기독교도마저 된 사람들은 자신들의 동화가 실제로는 약속한 대로 정치적·경제적 무엇보다도 사회적 평등으로 이어지지 않는다는 것을 발견했다. 따라서 20세기에 정당화 방식으로서의 오리엔탈리즘의 효용성 또한 약화되기 시작했다.

확실히 오리엔탈리즘은 하나의 주장으로서 완전히 사라진 것은 아니다. 오늘날 '문명충돌'에 관한 담론에서 우리는 그것을 발견한다. 그러나 이 담론이 서구 핵심지도세력에게 일정한 매력이 있었다고는 하지만, 세계의 비서구 지역에서 그 신봉자들을 발견하려면 오랫동안 열심히 찾아야만 했을 것이다. 아니 더 정확히는 오늘날 세계의 비서구 지역에서 이러한 신봉자의 대부분은, 계몽주의사상으로 진화되어왔던 서구 기독교문명이 불완전하고 열등한 인간사유의 형태임을 발견하고 그 주장을 전도시킨다. 이들은 서구 기독교문명의 지배에 맞서 정확히 이러한 전도된 오리엔탈리즘의 이름으로 싸워야만 한다고 본다. 이것이 근본주의가 의미하는 바이고, 여기에는 기독교 근본주의도 포함될 수 있을 것이다.

　바로 이러한 오리엔탈리즘 주장들의 효용성이 쇠퇴한 결과로서 우리는 과학적 보편주의, 즉 진리로서의 과학, 세계에 대한 유일하게 의미있는 이해방식으로서의 과학에 대한 찬가가 출현하는 것을 목격하게 된다. 두 문화 개념——진리 추구와 선한 가치 추구 간의 근본적인 인식론적 차이——이 정당화 과정의 마지막 상향 렌치(wrench upward)였다. 원시적인 것이라는 개념을 거부할 수도 있고 오리엔탈리즘의 물화를 넘어설 수도 있다. 그럼에도 불구하고 과학과 인문학 간의 인식론적 차이를 확고히 함으로써, 보편적 진리는 인문학자가 아니라 과학자가 제시한 것이라는 주장은 여전했다. 거기에는 그 이상의 숨겨진 의미가 있었다. 모든 사람이 '인문주의적'이 될 수 있고 수많은 인문주의가 있을 수 있지만, 단일한 보편적 진리만이 존재할 수 있을 따름이라는 것이다. 그리고 지금까지 그것을 발견할 능력을 가진 사람들은 대체로 세계체제의 강대 지역에 자리잡고 있었다.

'문화'의 외부에 있는 과학, 어떤 의미에서 문화보다 중요한 과학의 개념은 근대세계에서 권력분배의 합법성을 정당화하는 마지막 영역이었다. 과학주의는 강자들의 가장 교묘한 이데올로기적 정당화 방식이었다. 과학주의는 보편주의를 '문화'의 외부 그리고 정치적 싸움의 장과는 무관한 이데올로기적으로 중립적인 것으로 제시하면서 과학자들이 획득한 이론적 지식의 적용을 통해 인류에게 제공할 수 있는 이익에서 우선적인 정당화 근거를 끌어냈기 때문이다.

과학적 보편주의에 대한 강조를 통해 오로지 일련의 객관적 기준으로 평가되는 능력에 기반하며 지위가 주어지는 능력본위의 이론적 가치가 확립되었다. 그때 능력 경쟁의 장에 뛰어든 사람들이 자신들의 가치와 신규인재선발에 관한 판단에서 자율적인 판관들이 되었다. 그 결과 그들이 과학의 세계에서 위신과 권력을 누리는 위치에 있다면, 그들은 당연히 윤리적으로 거기에 있을 자격이 있었다. 그리고 과학이 유용한 기술을 생산했기 때문에, 과학의 진보는 모든 이에게 이로운 것이었다.

그렇게 해서 간파하기 쉽지 않은 하나의 속임수로 인

해 우리는 과학이라는 좁은 영역뿐 아니라 모든 사회적 지위에 대한 접근이 어떻든 능력을 통해서 이루어지고 따라서 정당화된다고 가정하게 되었다. 세계체제 내에서 특정 지역이나 계층이 다른 지역이나 계층보다 적은 보상을 받는다면, 그것은 그들이 모든 사람이 활용할 수 있는 객관적인 기술을 습득하지 못했기 때문이었다. 따라서 한사람이 특권과 권력을 덜 갖는다면, 그것은 이유야 어떻든 간에——타고난 무능이나 문화적 편협성 혹은 뒤틀린 의지 등——시험에 떨어졌기 때문이다.

바로 그러한 주장들을 과시함으로써 근대세계체제의 운용에서 복잡하고 값비싼 신기술이 중심적 역할을 하게 된 1945년 이후의 과학자들은 인문학자들을 멀찍이 앞서간 것이다. 마침 그때 오리엔탈리스트들의 본질주의적 특수주의에 대한 의심이 생겨난 상황이라 이것은 그만큼 더 쉽게 이루어졌다. 과학자들만이 세계체제의 양극화로 촉발된 중대 당면문제로 보이는 것을 해결할 수 있었다.

선에 대한 추구는 이제 우월한 지식의 영역에서 배제되었고, 이러한 추론의 논리를 비판하는 순간 반지성적인 사람이 되기 때문에 이는 비판할 근거가 없다는 것을 의미했다. 사람들이 능력본위체제의 상층부에 진입하는 것을 막는 구조적·사회적 제약요소들은 분석에서 기본적으로 무시되거나 연구과정에서 두 문화의 전제를 받아들인다는 조건하에서만 분석에 들어갈 수 있었다.

보편주의는 어떻게 보편주의가 되었는가? 일단 우리가 세계를 두 문화로 나누자 보편주의는 과학자의 영역이 되었다. 그들은 일정한 방법론과 일정한 정치적 입장(가치중립적 과학), 그리고 자신들의 작업에 대한 직접적인 사회적 평가로부터의 조직상의 독립을 주장했다. 이는 또한 이러한 기준을 충족시키는 연구작업과 연구자의 지리적 집중을 초래했고, 따라서 인정되지 않았지만 실제 연구에서 일정한 사회적 편향을 야기했다. 그러나 무엇보다도 이는 윤리적 비판의 가능성과 객관성을 평가절하함으로써 윤리적 비판으로부터 강자들을 지켜주었다. 인문학자들은 특히 그들이 비판적 인문학자들이라면 분석에서 과학적이지 않다는 이유로 무시될 수 있었다. 그것은 근대세계체제의 자기정당화 과정의 최종적인 못질이었다.

오늘날 우리 앞에 놓인 쟁점은 유럽적 보편주의——기존 세계질서에 대한 이 마지막 왜곡된 정당화——를 넘어

달성하기 훨씬 어려운 무엇인 보편적 보편주의로 어떻게 옮겨갈 수 있느냐다. 보편적 보편주의는 사회적 현실에 대한 본질주의적 성격 부여를 거부하고, 보편적인 것과 특수한 것 모두를 역사화하며, 이른바 과학적인 것과 인문학적인 것을 단일한 인식론으로 재통합하고 약자에 대한 강자의 '개입'을 위한 모든 정당화 근거들을 고도로 객관적이고 지극히 회의적인 시선으로 바라볼 수 있도록 해준다.

한세기 전에 레오뽈드- 쎄다르 쌍고르(Léopold-Sédar Senghor)는 세계를 향해 주고받는 '회합의 장소'(*rendez-vous du donner et du recevoir*)에 나오기를 요청했다. 쌍고르는 아마도 근대 시기의 완벽한 혼종이었다. 그는 시인이자 정치가였다. 그는 흑인성(negritude)의 위대한 옹호자였고, 아프리카문화협회(the Society of African Culture)의 총서기였다. 그러나 동시에 프랑스문화의 옹호와 향상을 공식임무로 하는 프랑스아카데미의 회원이었다. 쌍고르는 쎄네갈의 초대 대통령이었지만 그전에는 프랑스 정부의 장관이었다. 그는 이러한 요청을 할 수 있는 적합한 사람이었다.

그러나 오늘날 세계에서 주고받는 회합의 장소가 있

을 수 있는가? 유럽적 보편주의가 아닌 보편적 (즉 지구적) 보편주의가 있을 수 있는가? 아니 더 정확히 말하면 주는 것이 더이상 서구가 아니고 받는 것이 나머지 세계가 아닌 세계, 즉 서구는 과학의 망또로 스스로를 감쌀 수 있고 나머지는 '예술적/감정적인' 기질을 소유한 국민들로 격하되는 그런 세계가 아닌 세계에 도달하기 위해서 21세기에는 무엇이 필요한 것인가? 우리는 어떻게 모두가 주고 모두가 받는 그런 세계에 도달할 수 있는가?

지식인들은 반드시 세가지 차원에서, 즉 진리추구에서는 분석가로서, 선과 미의 추구에서는 윤리적 개인으로서, 그리고 진선미를 통합하는 데 있어서는 정치가로서 활동한다. 두세기 동안 우세하던 지식의 구조는 그 구조가 지식인들이 이 세차원을 쉽게 오갈 수 없음을 천명했다는 바로 그 이유로 부자연스러워졌다. 지식인들은 지적인 분석에 국한하도록 장려되었다. 〔지식인들이〕 윤리적·정치적 충동을 억제하지 못하겠다면, 〔그들은〕 세가지 종류의 활동을 엄격히 분리하라는 말을 들었다.

그러한 분리는 달성하기가 극도로 어려웠고 아마도 불가능했을 것이다. 따라서 대부분의 진지한 지식인들이 분리의 타당성을 설파한다고 할지라도, 그리고 설파할 때도 그 분리를 완전히 성취하는 데 항상 실패했던 것은 우연이 아니다. 막스 베버(Max Weber)가 그점에 있어서 좋은 예다. 그의 유명한 에세이들 『직업으로서의 정치』(*Politics as a Vocation*)와 『직업으로서의 과학』(*Science as a Vocation*)은 그가 이러한 족쇄들과 씨름하는 방식, 그리고 자신의 정치참여가 가치중립적 사회학에 대한 전념과 모순되어 보이지 않게끔 정치참여의 논리를 짜내는 거의 정신분열적인 방식을 보여준다.

지난 30년 동안 두가지가 변했다. 내가 명백히 했듯이 지식구조에 대한 두 문화 개념의 장악력이 상당히 약화되었고 그에 따라 진선미의 추구를 분리하라는 압력에 대한 학문적인 뒷받침도 약화되었다. 그러나 내가 주장했듯이, 두 문화 개념에 대해 커다란 의구심을 갖는 이유는 정확히 근대세계체제의 구조적 위기의 전개와 관련된다. 이러한 이행의 시대에 〔우리가〕 진입함에 따라 근본적인 선택의 중요성이 더욱 부각되었고 동시에 그러한 집단적인 선택에 대한 개인적 기여의 의의가 헤아릴 수 없을 만큼 커졌다. 요컨대, 지식인들이 거짓된 가치중립성의 족쇄를 벗어버리는 만큼, 우리 모두가 속해 있는 이행의 시기에서 실제로 의미있는 역할을 할 수 있다.

나는 분명히 해두고 싶다. 가치중립성이 신기루이자 기만이라고 말하면서 나는 분석적, 윤리적, 그리고 정치적 과제들 사이에 차이가 없다고 주장하는 것은 아니다. 실제로 차이가 있고 그 차이는 근본적이다. 이 세가지는 간단히 통합될 수는 없다. 그러나 이것들은 또한 분리될 수도 없다. 우리의 문제는 통합될 수도 분리될 수도 없는 세가지 과제들에 관한 이런 표면상의 역설을 어떻게 뚫고 나가느냐다. 말이 난 김에 나는 이러한 노력이 모든 지식의 재통합에 대한 희망을 유지시켜줄 유일한 종류의 인식론——배제되지 않은 중도(unexcluded middle)론의 또하나의 예라는 점을 말하고자 한다(월러스틴 2004a 71~72면).

물론 이러한 딜레마는 지식인뿐 아니라 모든 이에게 존재한다. 그렇다면 지식인의 역할에 어떤 특별한 것이 있는가? 그렇다, 있다. 지식인들이라는 말은 현실에 대한 분석적 이해에 자신의 에너지와 시간을 쏟고 그러한 이해를 가장 잘 달성할 수 있는 방법을 찾기 위해 일정하게 특별한 훈련을 해왔다고 가정할 수 있는 사람들을 의미한다.

이것은 중요한 자격요건이다. 모든 사람이 이러한 보다 전반적인 지식에 대한 전문가가 되기를 원치는 않았다. 그러한 지식은 어떤 과제라도 능력껏 수행해내는 데 있어서 우리 모두에게 필요한 구체적인 특정지식이 아닌 것이다. 따라서 지식인들은 전문분야의 범위가 방대한 제반 지식세계의 특정분야에 사실상 국한된다고 하더라도 '다방면의 지식을 갖춘 사람들'(generalists)이다.

오늘날 핵심문제는 우리가 어떻게 우리의 개별적인 전반지식을 우리가 살고 있는 이행의 시기에 대한 이해에 적용시킬 수 있는가다. 천문학자 혹은 시 비평가조차도 이러한 일을 하도록 요청되지만, 〔이것은〕 사회의 기능과 발전방식에 관한 전문가임을 자처하는 사회과학자들에게 더더욱 요청된다. 대체로 사회과학자들은 그것을 제대로 하지 못했고 이것이 사회과학자들이 생산해왔던 것으로부터 어떠한 윤리적 혹은 정치적 활용법도 배우지 못했다고 느끼는 수많은 노동계급뿐 아니라 힘있는 사람들과 그들에 반대하는 사람들이 사회과학자들을 그렇게 낮게 평가하는 이유다.

이러한 상황을 개선하기 위해 우선적으로 필요한 것

은 우리의 학문적인 분석을 역사화하는 것이다. 그러나 이는 〔그것이〕 아무리 유용할지라도 연대기적 세부사항의 축적을 의미하는 것은 아니다. 그리고 〔이는〕 모든 특정한 상황이 다른 모든 특정한 상황과 다르고 모든 구조는 날마다, 10억분의 1초마다 끊임없이 진화한다는 뻔한 사실을 역설하는 식의 설익은 상대화를 의미하지도 않는다. 역사화한다는 것은 정반대다. 그것은 우리가 바로 가까이에서 연구하고 있는 현실을 더 큰 맥락, 즉 그 현실이 자리잡아 작동하는 역사적 구조 속에 위치시키는 것이다. 〔우리는〕 관련된 전체를 이해하지 못한다면 세부항목을 결코 이해할 수 없다. 다른 방식으로는 무엇이, 어떻게, 왜 변하고 있는지를 정확히 이해할 수 없기 때문이다. 역사화하는 것은 체계화하는 것의 반대가 아니다. 전체의, 즉 분석단위의 역사적 매개변수를 파악하지 않고서는 체계화가 불가능하다. 따라서 마치 모든 것이 어떤 더 큰 체계 전체의 일부가 아닌 것인양 하는 방식으로 진공 속에서 역사화하는 것은 불가능하다. 모든 체계는 역사적이고 모든 역사는 체계적이다.

내가 여기에서 우리가 특정한 분석의 단위인 근대세

계체제에 속해 있을 뿐 아니라, 그 역사적 체제의 특정한 시기인 구조적 위기 혹은 이행의 시기에 속해 있다는 주장에 그렇게 많은 강조점을 두는 것도 이러한 역사화의 필요성에 대한 인식 때문이다. (누가 확신할 수 있겠는가마는) 나는 이러한 인식이 현재를 분명히 하고 미래를 위한 우리의 선택에 제약조건들을 제시하기를 바란다. 그리고 당연히 이것은 할 수 있는 최선을 다해 살고 있는 수많은 노동계급뿐 아니라 권력을 가진 사람들이나 그들에 반대하는 사람들이 가장 큰 관심을 가지고 있는 것이다.

지식인들이 이행의 시기에 요청받은 과제들을 추구한다면 그들은 인기가 있을 리 없을 것이다. 힘있는 사람들은 그들의 분석이 특히 이행의 시기에 권력을 붕괴시킨다고 느끼면서 그들이 하는 일에 당혹해할 것이다. 힘있는 사람들에 반대하는 사람들은 학문적인 분석이 정치적 반대운동에 참여하는 사람들에게 자양분과 격려로 작용한다면 어쨌든 좋다고 느낄 것이다. 그러나 그들은 망설임과 너무나 많은 뉘앙스, 그리고 조심스러움을 달가워하지 않을 것이다. 그들은 지식인들, 심지어는 힘있는 사람들에 반대하는 사람들과 동일한 정치적 목적을 추구한다고 자임하는 지식인들조차도 압박하려고 애쓸 것이다. 마지막으로 수많은 노동계급은 지식인들의 분석이 자신들이 이해할 수 있고, 소통할 수 있는 언어로 번역되어야 한다고 주장할 것이다. 이는 합당한 요구이지만, 항상 쉽게 달성할 수 있는 것은 아니다.

그럼에도 지식인의 역할은 중차대하다. 이행은 항상 어려운 과정이다. 그 과정을 좌초시키는 수많은 장애물들이 존재한다. 분석의 명료함은 혼란스러운 현실과 당면한 감정적인 다툼으로 흐려지기 십상이다. 지식인들이 분석의 깃발을 높이 쥐고 있지 않으면, 다른 어떤 이들이 그렇게 할 가능성은 없다. 진정한 역사적 선택에 대한 분석적 이해가 논증의 선두에 있지 않으면 우리의 윤리적 선택은 불완전할 것이고, 무엇보다도 우리의 정치적 힘은 붕괴될 것이다.

우리는 기나긴 시기의 끝에 와 있다. 그 시기는 여러 가지 명칭으로 통용될 수 있다. 하나의 적합한 명칭은 유럽적 보편주의의 시기라 할 수 있었다. 우리는 그후의 시기로 진입하고 있다. 하나의 가능한 대안은 보편적 보편주의들의 네트워크와 유사한 다수의 보편주의들이다. 그것은 쌍고르의 주고받는 만남의 세계일 것이다. 거기에 우리가 도달하리란 보장은 없다. 이것이 앞으로 다가올 20년에서 50년 동안의 싸움이다. 단 하나의 위험한 대안은 보편적 가치들에 기초했다고 주장하지만 인종주의와 성차별주의가 기존의 세계체제에서보다 십중팔구 더욱 사악하게 우리의 관습을 계속해서 지배하게 될 새로운 위계적 불평등의 세계다. 그러니 우리 모두는 그 이행의 시기에 세계체제를 분석하려고 노력하고 가능한 대안들과 그 대안들을 통해 우리가 해야 하는 윤리적 선택을 분명히 하면서 종국에는 우리가 선택하고자 하는 정치적 진로들의 가능성을 조명하는 일을 끝까지 지속해야 할 것이다.

2003년 미국과 영국을 주축으로 연합군이 일으킨 이라크전쟁은 '자유의 확산'을 내세웠다. 그러나 양식있는 사람이라면 누구나 이 명분이 레토릭에 불과함을 알아챘을 것이다. 기본적으로 남을 효과적으로 설득하는 게 레토릭의 목표라면, '자유의 확산'이라는 레토릭은 역설적으로 그것의 허구성을 만천하에 폭로하는 결과를 낳았다는 점에서 오히려 '반(反)레토릭'에 가깝다. 제국주의 팽창기인 19~20세기 초에도 서구열강은 '문명의 빛'을 전세계에 비춘다는 동일한 취지의 명분을 표방했다는 역사적 사실에 비춰볼 때, '이성'이나 '자유' 혹은 '인권' 등으로 불리는 이른바 보편주의 담론은 그 자체로 '특수한' 기능을 수행하고 있다.

『유럽적 보편주의』에서 이매뉴얼 월러스틴은 '보편주의'의 정치성을 낱낱이 밝혀내면서 그가 '보편적 보편주의'(universal universalism)라 일컫는 진정한 보편주의를 모색한다. '유럽적 보편주의'(european universalism)와 '보편적 보편주의'의 싸움을 현세계의 핵심적 이데올로기 투쟁으로 이해하고 그 결과가 향후 세계체제의 모습을 결정하는 주요 변수임을 역설하고 있는 것이다. 따라서 언론에서 북한의 '인권' 문제가 거론될 때마다 곤혹을 느끼는 사람들에게는 이 문제를 보다 근본적으로 사유하면서 지혜로운 해결책을 궁구할 기회가 될 것이다.

서구열강의 자본주의 세계경제 형성에는, 문명의 진보 혹은 경제발전의 확산이라는 명분하에 추진한 침략적 팽창주의가 핵심요소로 작용했음을 부인할 수 없는 사실이다. 책 앞부분에서 저자는 팽창을 위한 레토릭이던 정당화 담론과 사회적 실상은 괴리가 상당했음을 지적하면서, 16세기 에스빠냐의 아메리카 정복과 관련된 윤리논쟁의 장면으로 우리를 인도한다. 바로 '쎄뿔베다-라스 까싸스 논쟁'인데, 핵심쟁점은 "누가 개입할 권리를 가지며, 언제 어떻게 개입할 것인가"였다. 이는 오늘날의 세계정치에서도 여전히 중요한 쟁점이다.

이처럼 과거 논쟁에서 부각된 쟁점과 주장 들을 살펴보는 작업은 오늘날 현실을 역사적으로 인식하는 일이기도 하다. 세뿔베다는 네가지 근거를 제시하는데, 타자의 야만성, 보편적 가치에 위배되는 관습들의 근절, 잔인한 타자에 속한 무고한 양민 보호, 보편적 가치의 전파가 그것이다. 저자는 이 근거들이 무비판적으로 수용된 데는 정복으로 획득하는 물질적 이득이라는 현실이 근저에 자리 잡고 있었기 때문이라고 본다.

이미 물질적 혜택을 누리는 정복자 집단에 속한 사람이 쎄뿔베다의 논거들을 비판하기란 매우 험난한 과제였을 것이다. 그러나 라스 까싸스가 이 과업에 착수했다. 가령 아메리카 원주민의 타고난 본성이 야만적이라는 주장에 맞서, '야만'이라는 용어 자체가 이미 서구인의 일반화를 거친 것임을 지적하면서 과거 로마인이 그들의 선조인 에스빠냐인을 '야만인'이라고 불렀음을 상기시킨다. 원주민의 악습 근절에 대해서는 악습을 근절할 사법권이 서구

열강에는 없다고 응대하는 등 개입의 명분이 결코 지적(知的)으로 정당화될 수 없음을 역설했다.

월러스틴은 20세기 후반의 탈식민화 결과로 국가간체제가 중요한 변동을 겪으면서 쩨뿔베다가 제시한 개입의 근거들이 유효성을 상실했으나, 새로운 수사적 언어를 표방함으로써 개입을 정당화하고 있다고 주장한다. '복음전파'나 '문명화' 사명은 종적을 감추었지만 이제는 '인권' 개념이 새로이 조명되기 시작했다. 그러나 '인권' 개념이 등장했음에도 현실에서는 인권에 대한 관심을 반영하는 정부간의 어떤 실질적 조치도 없었고, 단지 다른 정부를 비난하는 '선전도구'로서만 악용되어왔음을 저자는 들춰낸다. '개입'의 근거로 내세우는 보편주의적 가치란 특정한 세계체제의 조건에서 지배층이 만들어낸 사회적 산물에 불과하다. 결국 지금보다 더 평등한 체제를 구축하려면 강자의 이데올로기적 관점을 넘어서는 인간성의 새로운 윤리적 기획이 필요함을 주창하고 이를 위해 유럽적 보편주의가 근거하고 있는 인식론적 토대를 점검하는 데 힘을 쏟는다.

먼저 '오리엔탈리즘'(Orientalism)을 문제삼는다. 비(非)서구지역의 현실에 관한 해석방식으로 오랫동안 유통

되어온 오리엔탈리즘의 밑절미는 자기충족적이며 지적 도
전에 닫혀 있음을 꼬집는다. 오리엔탈리즘은 단순한 사고
방식 이상의 것으로, 서양이 동양보다 우월하기 때문에 동
양에 강요되는 논리라는 주장이다. 인문학에 종사하는 사
람이라면 오리엔탈리즘에 대한 비판이 그리 낯설지 않을
것이다. 특히 '탈식민주의'의 영향으로 오리엔탈리즘의 인
식론적 근거가 상당히 취약하다는 사실은 충분히 밝혀졌
고 동시에 지배적 사고방식에 지적 정당화 역할을 하던 보
편주의의 유효성도 재검토중에 있다.

　문제는 기존 인식론적 틀에 대한 해체와 비판을 기반
으로 하여, 어떻게 "우리 모두가 비(非)오리엔탈리스트가
될 수 있게 하는 틀에 합의"를 이룰 수 있는가다. 모든 가치
체계에 대해 동등한 타당성을 주장하는 급진적 상대주의
는, 자기 기준에 의거하므로 스스로를 부정하는 자기모순
적인 주장이기 때문에 답이 될 수 없음을 저자는 분명히
한다. 합의에 이르는 또다른 해법은 유럽중심적 보편주의
의 위계질서를 전도하는 방식이다.

　예를 들면 보편주의적 가치들이 유럽만의 특유한 무엇
이 아니라 여타 문명들의 공통된 열망이라고 내세우거나,

오히려 타문명들이 유럽보다 그런 가치들을 선취(先取)했다고 주장하기도 한다. 저자는 이를 '옥시덴탈리즘' (Occidentalism) 혹은 '반유럽중심적 유럽중심주의'라 지칭한다. 이런 논리의 근저에는 기본적으로 오리엔탈리즘의 인식론적 근거인 이분법적 구별과 유럽인이 근대세계에 부과한 사고방식을 그대로 받아들이려는 태도가 깔려 있다고 비판한다.

그렇다면 우리는 어떻게 오리엔탈리즘의 시각에서 벗어난 위치에서 지식의 구조를 재구성할 수 있을까? 월러스틴은 '특수한 것의 보편화'와 '보편적인 것의 특수화'라는 변증법적 교환을 통해 새로운 종합의 발견을 주창한다. 물론 이는 실천적 대안으로는 다소 막연하다 느낄 수도 있다. 익숙한 사고의 울타리를 넘어서는 최초의 사태는 어쩌면 이렇게 막연함을 동반하기 십상인지도 모른다. 그러나 바로 그렇기 때문에 창조적 태도가 더욱 필요한지도 모르겠다. 현상을 설명하는 객관적 법칙을 찾는 데 분투하는 '과학적 보편주의'가 유럽적 보편주의의 화신(化身)으로 등장한 이후 이것이 유력한 인식론으로 자리잡으면서 틀을 넘어서는 창의적 발상의 여지가 대폭 줄어들었기 때문일 수도 있다. 저자가 대학문제를 집중거론하는 것도 이와 무관하지 않을 것이다.

대학의 이념과 역할에 대해 오늘날 논란이 분분한데, 이는 사회의 요구를 대학이 수용하는 과정에서 전통적 대학상이 크게 변화했다는 사실에서 비롯한다. 최근 대학은 취업준비의 기관처럼 비치기도 한다. 자본주의적 요구에 따라 인재든 기술이든 뭔가를 생산해내지 않고는 도태하고 만다는 위기감이 대학에는 만연하다. 이른바 '대학의 기업화'가 가속화되고 있다. 또한 학문과 배움의 성격도 과거와 상당히 변해서 학문영역간의 통합과 분화가 혼재한다.

저자에 따르면 이런 변화는 19세기 중반 이후로 가속화된 현상이다. 대학은 세속적 지식 전체의 거점이었고 사회가 요구하는 지식을 생산해내는 역할을 떠맡았다. 이 과정에서 학문은 인문학과 자연과학으로 분리되었고, 이른바 '두 문화'의 분리가 제도화됐다. 진리 추구는 오로지 경험과학을 바탕으로 법칙을 정립해나가는 과학자의 영역이 되었고, 인문학자는 선과 미의 판정만을 추구하는 폐쇄적 공간에 머물게 되었다. 그 결과 인문학이 수행하는 윤리적 비판과 진리추구는 과학적이지 않다는 이유로 평가절하됨으로써 과학자의 기술을 사용하는 강자들은 윤리적 비판으로부터 자유로워졌다.

한편 사회과학은 프랑스혁명이 몰고 온 사회변화 양상을 탐구하고 변화의 방향을 이끌 정책개발의 필요성 때문에 탄생했으나 당시까지는 인문학과 자연과학 사이에서 애매한 위치를 차지했다. 월러스틴은 근대세계체제를 떠받치던 지식구조의 견고한 세 기둥이 68혁명을 기점으로 무너짐에 따라 대학의 제도적 위기가 등장했음을 지적한다. 위기와 병행하여 인문학과 자연과학이라는 문화의 분리체제가 동요하기 시작했고, 그 결과 자연과학에서는 복잡계연구가, 인문학에서는 문화연구가 등장했다. 이런 새로운 지식운동들은 서로 다른 지점에서 시작됐지만, 여러 공통점을 지닌다.

저자는 지식구조의 이러한 새로운 구심적 경향이 재통합된 인식론, 즉 '모든 지식의 사회과학화'로 이어질 것이라는 전망을 내놓는다. 물론 그렇다고 인식론의 구체적 모습을 제시하지는 않는다. 다만 '배제되지 않은 중도'론의 성격을 지닐 것임을 암시하면서 지식인의 의미와 역할을 재설정하는 방향으로 논의의 촛점을 맞춘다. 기존의 세계질서를 정당화하는 유럽적 보편주의에서 '보편적 보편주의'로 옮겨가기 위해서는 진리추구에서는 분석가로서, 선과 미의 추구에서는 윤리적 개인으로서, 그리고 진선미를 통합하는 데 있어서는 정치가로서 세차원의 과제들을 수행하고 지혜롭게 통합하는 방법을 지식인은 찾아야 한다. 무엇보다도 지식인들이 다방면의 지식을 갖춘 제너럴리스트(generalist)가 되어야 함을 역설한다.

동시에 이행기를 살아가는 우리는 이 시기를 이해하는 데에 '개별적인 전반지식'을 적용하는 방식을 고민해야 한다. 특히 학문적 분석을 역사화하는 방법을 저자는 제시한다. 이는 지식을 연대기적으로 무한히 축적하는 일도 설익은 상대화도 아니다. 연구하고 있는 현실을 보다 큰 맥락, 즉 현실이 작동하는 역사적 구조 속에 대입해보는 것을 의미한다. 이를 통해 지식인은 세계체제의 특정 국면인 구조적 위기 혹은 이행의 시기를 더 적확히 이해하게 될 것이고 이를 바탕으로 우리에게 미래지향적 선택지들을 제시해야 한다. 물론 저자 스스로도 인정하듯이 이런 과제를 추구하는 지식인은 인기가 있을 리 만무하다. 강자들은 이들의 작업에 당혹해 할 것이고 당장 고통을 겪고 있는 사람들은 지식인의 우유부단함과 조심스러움에 실망할지도 모르며, 노동계급은 지식인에게 소통가능한 언어로 그들의 분석을 번역해달라고 요청할 것이기 때문이다.

그래서 이런 저자의 주장이 초조하게 변화를 기다리는 이들에게는 다소 느긋하게 비칠지도 모르지만 차분한 구조적 분석과 전망 제시는 꼭 필요한 작업이다. 이런 의의에 동의하는 지식인은 세계체제의 이행기에 우리가 지향해야 할 윤리적 선택과 정치적 진로의 가능성들을 밝혀주는 작업에 박차를 가해야 한다. 스스로가 자신의 역할을 숙고하고 모종의 선택을 강구해야 한다.

번역의 원본은 *European Universalism: The Rhetoric of Power*로 2006년에 뉴프레스(The New Press)에서 출판되었다. 번역문의 수정과정에서 꼼꼼한 검토와 소중한 제안을 해준 황정아 선생님께 감사드리고 출간하는 데 여러모로 도움을 주신 창비 인문사회출판부 관계자 여러분께 고마움을 전한다.

2008년 8월

김재오

| 참고문헌 |

Abdel-Malek, Anouar ([1972] 1981) *Civilisations and Social Theory*, vol.1 of *Social Dialectics*, State University of New York Press.

Cook, Sherburne F., and Woodrow Borah (1971) *Essays in Population History: Mexico and the Caribbean*, vol. 1, University of California Press.

Fischer-Tiné, Harald, and Michael Mann, eds. (2004) *Colonialism as Civilizing Mission: Cultural Ideology in British India*, Wimbledon.

Hanke, Lewis (1974) *All Mankind Is One: A Study of the Disputation Between Bartolomé de Las Casas and Juan Gines de Sepúlveda in 1550 on the Intellectual and Religious*

Capacity of the American Indians, Northern Illinois University Press.

Kouchner, Bernard (2004) Twenty-third annual Morgenthau Memorial Lecture, Harmonie Club, New York, March 2. http://www.carnegiecouncil.org/view/Media.php/prmTemplate ID/8/prmID/4425#2, read on 10/28/2004.

Las Casas, Bartolomé de ([1552] 1974) *The Devastation of the Indies: A Brief Account*, trans. Herman Briffault, Johns Hopkins University Press.

_____ ([1552] 1992) *In Defense of the Indians*, ed. Stafford Poole, Northern Illinois University Press.

_____ ([1552] 1994) *Brevíssima relación de la destrucción de las Indias*, ed. José María Reyes Cano, Ed. Planeta.

_____ ([1552] 2000) *Apología, o Declaración y defensa universal de los derechos del hombre y de los pueblos*, ed. Vidal Abril Castelló et al. Vallodalid: Junta de Castilla y León Consejería de Educación y Cultura.

Mann, Michael (2004) "Torchbearers upon the Path of Progress": Britain's Ideology of a "Moral and Material Progress" in India: An Introductory Essay. In *Colonialism as Civilizing Mission: Cultural Ideology in British India*, ed. Harald Fischer-Tiné and Michael Mann, Wimbledon, 1~26면.

Montesquieu, Baron de ([1721] 1993) *Persian Letters*, Penguin Books. (한국어 번역본: 『페르시아인의 편지』, 이수지 옮김, 다른세상 2002)

Prigogine, Ilya (1997) *The End of Certainty: Time, Chaos, and the New Laws of Nature*, Free Press. (한국어 번역본: 『확실성의 종말』, 이덕환 옮김, 사이언스북스 1997)

Said, Edward W. ([1978] 2003) *Orientalism*. 25th anniversary edition with a new preface by the author, Vintage. (한국어 번역본: 『오리엔탈리즘』 25주년 기념판, 박홍규 옮김, 교보문고 2007)

Sepúlveda, Juan Ginés de ([1545?] 1984) *Demócrates segundo, o, De las justas causas de la guerra contra los indios*, ed. Angel Losada, 2nd ed. Consejo Superior de Investigaciones Científicas, Instituto Francisco de Victoria.

Trouillot, Michel-Rolph (2004) The North Atlantic Universals. In *The Modern World-System in the Longue Durée*, ed. Immanuel Wallerstein, Boulder, Paradigm Press, 229~37면.

Wallerstein, Immanuel (1974~89) *The Modern World-System. 3 vols.* Academic Press. (한국어 번역본: 『근대세계체제』 1~3, 나종일 외 옮김, 까치 1999)

_____ (1995) *Historical Capitalism, with Capitalist Civilization*, Verso. (한국어 번역본: 『역사적 자본주의/자본주의 문명』, 나종

일·백영경 옮김, 창비 1993)

_____ (1997) *Eurocentrism and Its Avatars, New Left Review,* vol. 226, November~December, 93~107면.

____ (1998) *Utopistics, or, Historical Choices for the Twenty-first Century,* The New Press. (한국어 번역본:『유토피스틱스, 또는 21세기의 역사적 선택들』, 백영경 옮김, 창비 1999)

_____ (2004a) *The Uncertainties of Knowledge,* Temple University Press. (한국어 번역본:『지식의 불확실성』, 유희석 옮김, 창비 2007)

____ (2004b) *World-Systems Analysis: An Introduction,* Duke University Press. (한국어 번역본:『월러스틴의 세계체제 분석』, 이광근 옮김, 당대 2005)

Wallerstein, Immanuel, et al. (1996) *Open the Social Sciences: Report of the Gulbenkian Commission on the Restructuring of the Social Sciences,* Stanford University Press. (한국어 번역본:『사회과학의 개방』, 이수훈 옮김, 당대 1996)

ㅊ

ㅋ

ㅌ

유럽적 보편주의
권력의 레토릭

초판 1쇄 발행 • 2008년 8월 14일
초판 3쇄 발행 • 2022년 3월 29일

지은이 • 이매뉴얼 월러스틴
옮긴이 • 김재오
펴낸이 • 강일우
책임편집 • 박영신
펴낸곳 • (주)창비
등록 • 1986년 8월 5일 제85호
주소 • 10881 경기도 파주시 회동길 184
전화 • 031-955-3333
팩시밀리 • 영업 031-955-3399 편집 031-955-3400
홈페이지 • www.changbi.com
전자우편 • human@changbi.com

한국어판 ⓒ (주)창비 2008
ISBN 978-89-364-8547-4 03300